NÃO MATARÁS

Gláucio Ary Dillon Soares

NÃO MATARÁS

Desenvolvimento, desigualdade e homicídios

FGV
EDITORA

ISBN — 978-85-225-0666-8
Copyright© Gláucio Ary Dillon Soares

Direitos desta edição reservados à
EDITORA FGV
Rua Jornalista Orlando Dantas, 37
22231-010 — Rio de Janeiro, RJ — Brasil
Tels.: 0800-21-7777 — 21-2559-4427
Fax: 21-2559-4430
e-mail: editora@fgv.br — pedidoseditora@fgv.br
web site: www.fgv.br/editora

Impresso no Brasil / *Printed in Brazil*

Os conceitos emitidos neste livro são de inteira responsabilidade do autor.

1ª edição — 2008

PREPARAÇÃO DE ORIGINAIS: Maria Lucia Leão Velloso de Magalhães
EDITORAÇÃO ELETRÔNICA: FA Editoração Eletrônica
REVISÃO: Aleidis de Beltran e Mauro Pinto de Faria
CAPA: Isabel Lippi

**Ficha catalográfica elaborada pela
Biblioteca Mario Henrique Simonsen / FGV**

Soares, Gláucio Ary Dillon
    Não matarás: desenvolvimento, desigualdade e homicídios / Gláucio Ary Dillon Soares. — Rio de Janeiro : Editora FGV, 2008.
    200 p.

    Inclui bibliografia.

    1. Violência. 2. Homicídio. 3. Criminologia. I. Fundação Getulio Vargas.
II. Título.

                         CDD - 301.633

A Maria Dillon Soares, *in memoriam*

SUMÁRIO

AGRADECIMENTOS

Algumas instituições e pessoas colaboraram para que este livro fosse escrito e terminado. Inicialmente, foi uma de minhas atividades enquanto professor e pesquisador no Center for Latin American Studies da University of Florida, que me deu um ambiente tranqüilo para trabalhar e um ano sabático. Lá, Hernán Vera e Marília Coutinho proporcionaram estímulos importantes. A tarefa foi interrompida e reiniciada nos anos finais de minha longa e sofrida relação com a Universidade de Brasília, que começou há 40 anos.

Uma bolsa sênior do Conselho Latino-Americano de Ciências Sociais (Clacso/Asdi) permitiu que me mantivesse em momentos difíceis.

Recentemente, já no Iuperj, recebi excelentes sugestões de alunos e auxílio de um corpo técnico e administrativo cuja competência e boa vontade excederam todas as expectativas. É o melhor que já encontrei em qualquer instituição.

Colegas, mundo afora, proporcionaram muita inspiração. É estranho que pessoas das quais só conheço as publicações fossem influentes, mas o foram. No Brasil, há uma ainda pequena, mas crescente comunidade de criminólogos, cujas pesquisas e teorizações foram importantes, inclusive as de colegas que discordam de muito do que eu digo e escrevo.

Felizmente, recebi bons conselhos em diferentes áreas: destaco Nelson do Valle Silva, meu eterno consultor *pro bono* em questões de estatística, e Sergei Suárez Dillon Soares e Yuri Suárez Dillon Soares, que, gentil e pacientemente, corrigiram minha pobre econometria.

Num amplo período durante o qual enfrentei pesados problemas pessoais e de saúde contei com o apoio de pessoas próximas, sobretudo de meus filhos e de meus pais (recentemente falecidos) e, nos últimos três anos, de meus netinhos. Eles ajudaram a vencer esses momentos difíceis. O padre Aírton Freire foi um conselheiro espiritual e amigo em todas as horas.

Os erros, muitos, são meus.

PREFÁCIO

Desde que o professor Gláucio Ary Dillon Soares, um dos principais cientistas sociais brasileiros, decidiu colocar sua competência a serviço das reflexões sobre violência e criminalidade, os estudiosos dessa temática complexa e multidimensional recebemos um reforço extraordinário, que tem não apenas enriquecido nosso campo de conhecimento, como valorizado nossa própria opção pelo objeto de estudo. Explico: hoje, no Brasil, tão importante quanto estudar essa vasta problemática é demonstrar a relevância desse trabalho intelectual para as quatro áreas estratégicas de interlocução: a universidade, as instituições da segurança pública e da Justiça criminal, os agentes políticos com responsabilidades legislativas ou executivas e os setores sociais envolvidos no debate e dispostos a participar do processo de racionalização, modernização e democratização de nosso país nessa matéria. A mídia é, evidentemente, um ator central, por seu papel de mediação e por sua capacidade de intervir na formação da agenda pública ou, pelo menos, na hierarquia de prioridades.

Pode parecer exagero, mas, infelizmente, não é: a resistência antiintelectualista é um fato, ainda que o preconceito assuma distintas máscaras e tenha cedido, em várias esferas, sobretudo graças ao espírito crítico e aberto de novas lideranças, elas mesmas formadas na universidade e conscientes de que não iremos a lugar nenhum sem a colaboração entre academia e gestão pública, reflexão sistemática e engajamento prático, respeitando-se as respectivas especificidades. Por outro lado, na universidade, como que a encenar um jogo especular de estigmatizações recíprocas, preconceitos relativos à temática persistem, ainda que sejam, hoje, bem menos generalizados do que chegaram a ser no passado recente.

Enquanto resistências mútuas se alimentam da própria distância, uma espécie de polissemia selvagem e babélica dita o tom nos debates públicos, inviabilizando a gestação de um consenso mínimo, que possa proporcionar as bases políticas para mudanças profundas e inadiáveis. O grande problema é que os interlocutores não sabem sobre o que divergem e ainda não foram capazes de negociar uma linguagem comum, que viabilize a negociação de uma agenda. E, no entanto, tudo está a exigir um pacto para a saída dessa crise prolongada, que se tornou nossa segunda natureza: no Brasil, vivemos uma situação dramática na segurança pública e no acesso à Justiça — o crime letal prospera e a seletividade das ações policiais e do tratamento judicial tem expressado e reproduzido desigualdades sociais, adiando as expectativas de eqüidade e respeito aos direitos que a Constituição Federal suscita. Nesse sentido, a transição democrática permanece incompleta. Por outro lado, as mais diversas dinâmicas criminais proliferam, no vácuo de políticas públicas consistentes, em um contexto em que as polícias em geral seguem desprovidas de estruturas organizacionais e condições de governabilidade que lhes permitam cumprir suas funções constitucionais.

Percebe-se, portanto, a importância de Gláucio Soares e de seu já imprescindível *Não matarás*: a qualidade de sua obra e sua consagrada trajetória acadêmica internacional reforçam a legitimidade de nosso campo de conhecimento, exorcizando preconceitos no interior da universidade; sua humanidade contagiante concorre para demonstrar que a defesa da vida exige a solidariedade ativa de todos, com humildade, sem exclusivismos; sua capacidade de dialogar, respeitosamente, sem sectarismos, sua aposta na multidisciplinaridade e sua habilidade na formulação de argumentos lúcidos e claros ajudam a reduzir a nebulosa babélica que cega contendores e impede a negociação racional de consensos possíveis.

LUIZ EDUARDO SOARES
Autor de *Legalidade libertária*
(Lumen-Juris, 2006)

1

A HISTÓRIA DA VIOLÊNCIA: TEMPO E ESPAÇO EM BUSCA DE UMA TEORIA

Durante muito tempo a humanidade viveu um mito: o do passado pacífico, que contrastaria com a violência de nossos dias. Os pensadores que escreveram sobre o início da urbanização e da industrialização deixaram um legado teórico no qual se aninhava esse mito. Teríamos passado da comunidade para a sociedade; do coletivismo para o individualismo; de tipos orgânicos de solidariedade para outros tipos, inferiores, mecânicos. O mundo teria sido pacífico, humano, e se tornara desumano e violento. Eram teorias lindas, sedutoras, que apelavam para o saudosismo da história que não conhecêramos e das experiências que não vivêramos.

O lado humanista do marxismo contribuiu para divulgar o mito: o capitalismo, o vilão mais visível da história, seria o culpado. As teorias da modernização das décadas de 1950 a 1970 também apoiaram o mito, mas defenderam sua bondade, em nome da eficiência: a passagem do tradicional para o moderno teria sido essencialmente boa porque os países não decolariam sem a modernização. O crescimento histórico da violência seria o preço necessário a pagar pelo progresso.

Durante muito tempo poucos sociólogos indagaram se o crescimento histórico da violência efetivamente ocorrera. A pergunta, aliás, era politicamente incorreta, vista como demonstração cabal de reacionarismo e neopositivismo. No Brasil da época não era permitido perguntar se boas idéias e teorias convincentes correspondiam à realidade. A crítica empírica não era legítima. Somente a crítica interna o era, e a oposição a idéias e teorias se fazia com outras idéias e teorias — crítica externa, mas não empírica.

Os primeiros resultados da história quantitativa da violência arrasaram esses mitos: os dados apontavam, com rara consistência, para um decréscimo da violência e dos homicídios ao longo do tempo, desde o século XV até o fim da primeira metade do século XX. Os arquivos de cidades como Amsterdã e Estocolmo foram minuciosamente analisados, assim como os de vilas e cidades menores. Dados nacionais, referentes a Alemanha, França, Holanda, Inglaterra, Suécia e a outros países, mostravam que as taxas anuais por 100 mil habitantes da violência e do crime, em geral, e do homicídio, em particular, haviam decrescido. Mostravam também que o campo nada tinha de bucólico ou de idílico: os campos europeus eram extremamente violentos.

A violência não se reduziu linearmente, a uma taxa anual constante. Houve períodos de baixa, de nova alta, seguidos por períodos de forte queda etc. O *período* de maior redução da violência foi o do século XV ao XVIII. Porém, ele variou: a violência baixou mais cedo em alguns países, mais tarde em outros. Não obstante, a redução multissecular da violência estava presente em todos, e chegou a ser de mais de uma ordem de grandeza. Em Amsterdã, a taxa de homicídios por 100 mil habitantes passou de 50 no século XV a 20 no XVI, a 7,5 no XVII, chegando a 1,4 no XIX; em Estocolmo, a redução inicial foi mais lenta, de 42,5 no século XV (taxa da mesma ordem de grandeza que a de Amsterdã) a 34 no XVII (quatro vezes e meia superior à de Amsterdã). Posteriormente, a violência baixou muito, para 0,7 na segunda metade do século XVIII, o que correspondia a um terço da de Amsterdã. As características dos homicídios também mudaram: Spierenburg, analisando os julgamentos de homicídios em Amsterdã, mostrou que o homicídio entre estranhos *decrescera* de 47% do total em 1651-1700 para 15% em 1751-1810. Uma teoria que se encaixa bem nos dados deve afirmar que os homicídios entre estranhos decresceram muito e os homicídios na família e entre conhecidos, mais difíceis de evitar, decresceram pouco.

Dados cuidadosamente coletados demonstram que os níveis de violência em vários países industrializados — Alemanha, Inglaterra, França, Holanda e Suécia —, incluindo homicídios, eram muitíssimo mais altos nos séculos XV a XVII do que agora. Quem olha hoje para pacíficas cidades como Estocolmo, ou para países como Suécia e Noruega, jamais pensaria que, séculos antes, estes foram lugares violentos.

Essas mudanças eliminaram algumas explicações da violência e da criminalidade e restringiram outras: as explicações biológicas, lombrosianas, anteriores à genética moderna, tão ao gosto dos autoritários de direita, entraram em queda livre. Na sua versão radical, determinista, que afirma que o "tipo" criminoso necessariamente matará e cometerá outras violências, elas foram definitivamente enterradas: teríamos que admitir que a composição genética da população se alterou dramaticamente ao longo dos séculos e que os portadores de genes violentos diminuíram porque se reproduziram menos ou, ironicamente, porque morreram mais... O impacto sobre a versão moderada, que nos fala de maior "predisposição" genética ao crime e à violência, foi menos devastador: afinal de contas, entraram na equação as "condições precipitantes", que podem ter diminuído historicamente. Porém, essa salvação a qualquer custo das teorias genéticas como explicação *histórica* da violência se fez à custa de sua imprescindibilidade: ao transferirem (sem demonstrar) para as condições precipitantes a responsabilidade pelo declínio histórico da violência, as explicações genéticas se tornaram secundárias. Não somam nem tiram, sem as condições precipitantes; estas, sim, passariam a ser essenciais. Delas dependeria o acordar dos genes malvados.

As elegantes explicações lineares, que passavam pela transformação da comunidade em sociedade, pela substituição da solidariedade orgânica pela mecânica, pela urbanização, pela industrialização e pelo aumento das contradições sociais provocadas pelo capitalismo, foram igualmente dizimadas. O crime e a violência caminharam no sentido *oposto* ao previsto. A violência e o homicídio *diminuíram*, não aumentaram. As teorias haviam tentado, bravamente, justificar o não-acontecido. O furacão dos dados afundou a armada teórica. Nesse quadro, quem seria o nosso Nelson na história da violência?

De acordo com a moda entre os historiadores europeus da violência, seria Norbert Elias. Como Nelson, a influência de Elias aguardou que o furacão dos dados destruísse os inimigos. Ele e seus seguidores recriaram um conceito, o de civilização, da qual o Estado seria o parteiro e tutor. A *ausência e/ou a irrelevância* do Estado permitiriam a violência, porque a civilização existiria apenas em estado embrionário. Através da repressão o Estado, agora visto como agente civilizatório, teria sido de fundamental importância no controle da *expressão da violência* na sociedade, mas não necessariamente do seu *potencial*. Alguns sugeriram que o potencial não diminuíra, apresentando dados sobre a *composição* da violência que mostrariam o crescimento da violência doméstica em relação à violência total. Para o violento, a porta da casa seria a última linha de defesa contra a invasão do Estado. O dado simples que foi apresentado é inadequado para checar a hipótese: o aumento da violência doméstica em relação à violência total pode responder tanto a um possível crescimento absoluto da violência doméstica quanto a um decréscimo absoluto da violência não-doméstica. As séries de que necessitamos são as *taxas de incidência e prevalência* da violência doméstica na população em momentos diferentes, mas os dados são deficientes.

Chesnais, em sua excelente *Histoire de la violence*, mostra que, de 1800 a 1975, a violência continuou a baixar na Europa. Mas a violência não mudou por igual, com a mesma taxa em todos os países. Mudou a taxas variadas, possibilitando que o país violento do passado se transformasse no país pacífico do presente, e vice-versa. Em 1930, a Bulgária e a Finlândia eram as ovelhas negras da Europa, "povos bárbaros", os únicos países europeus com taxas de homicídio mais altas do que as dos Estados Unidos. Hoje, a Finlândia apresenta taxas de homicídio invejavelmente baixas, assim como a Irlanda, outra ovelha negra de priscas eras, a despeito da violência política que o país experimentou.

A pesquisa histórica e a produção de dados confiáveis sobre o crime resolveram os problemas empíricos mais grosseiros da variável *dependente*. Porém, do lado das variáveis *independentes*, das explicações, o problema continua. O papel do *Estado*, agente civilizador para Elias e seus muitos seguidores na história do crime, não é *inferido* de dados; como não o é o papel da educação, nem o das mudanças nas elites ou nas atitudes da Igreja. O "teste" dessas hipóteses requer dados empíricos adequados *dos dois lados da equação*. Não basta supor que o Estado cresceu e que a educação se difundiu; não basta afirmar que a atitude da Igreja mudou. E, havendo a demonstração de que esses processos realmente aconteceram (como os dados indicam) — o Estado cresceu, a educação se difundiu, a elite passou de guerreira a comercial e a Igreja mudou —, teremos somente começado a solucionar o enigma. Não basta mostrar que o Estado cresceu para manter a exeqüibilidade da teoria: é importante saber *quando* cresceu. Afinal, o grosso da redução da violência e da criminalidade aconteceu do século XV ao XVII; se o Estado cresceu *depois* disso, seu crescimento não explica o decréscimo da violência, que aconteceu antes. O crescimento do Estado pode contribuir para explicar o declínio da violência posterior, mas não da anterior.

Os poucos dados sistemáticos sobre o crescimento do poder financeiro do Estado e do emprego público mostram um crescimento tardio, a partir do fim do século XVIII, que se acelerou no XIX. A educação primária seguiu caminho semelhante. As duas trajetórias não são independentes: o crescimento da educação primária foi predominantemente *público*. Com esses dados, o "salto" na educação e no poder do Estado não explicariam as fortes quedas anteriores na taxa de homicídios. Porém, o Estado pode ter crescido antes, mas numa escala pequena se comparada ao crescimento posterior. Esse dado tampouco exclui a existência, na história, de uma associação negativa entre a educação individual e o crime violento, que existe nas sociedades atuais. Afinal, não é apenas o aumento da alfabetização e da escolarização *da população* que pode ter diminuído a taxa de violência, transformando criminosos em potencial em cidadãos. Um aumento semelhante *na educação da elite* poderia acarretar mudança de valores e utilização de parcela substancialmente maior dos parcos recursos do Estado na prevenção e na repressão da violência. Em certo sentido, a elevação do nível educacional e a mudança de valores da elite podem ter contribuído para a cidadania da população, através da admissão, por parte da elite, da ampliação da cidadania a classes previamente excluídas dela, o que certamente terá sido uma transformação revolucionária.

A interação dos dados judiciosamente obtidos e organizados pela criminologia histórica com as tradicionais teorias históricas da violência e do crime tem sido frutífera: revelou a fragilidade das teorias sem dados e das teorias nas quais somente um dos termos da equação tem informações precisas. Tampouco servem as teorias incompletas, que não especificam os *quanta* mínimos das variáveis independentes que provocariam o efeito observado na violência e no crime. Aumentos quantitativos têm implicações de substância: pequenos aumentos na educação podem, em princípio, provocar grandes quedas na criminalidade sem a necessidade de postular que poucas pessoas respondem por uma parcela substancial da violência, sempre e quando não se postule que foi o maior nível educacional do criminoso potencial que o transformou em cidadão e, por isso, as taxas baixaram.

São frágeis "noções" teóricas sobre amplos períodos de crescimento e decréscimo, de grandes movimentos, sem precisão histórica. A *forma* da equação também é relevante. O pensamento *teórico* nas ciências sociais é, quase sempre, retilinear. Admite interações e influências contextuais, mas as relações são pensadas retilinearmente, não por devoção ao imperativo da parcimônia e da simplicidade, mas por falta de familiaridade com modelos não-lineares e não-aditivos. O trabalho dos pesquisadores históricos colocou os que sofrem de alergia à exatidão em confronto com dados cujas variações as teorias simples e exclusivamente verbais não conseguem explicar. Isso pode ter o efeito salutar de nos transformar de pensadores em pesquisadores.

E as características? Eram confiáveis? Os perdões e indultos podem ter papel relevante nas estatísticas do crime e do homicídio e também impacto negativo sobre o poder dissuasório das penas. Robert Muchembled publicou, em 1989, um livro no qual analisa a violência através dos arquivos. Desse estudo detalhado resultaram alguns esclarecimentos sobre o período. Ele analisou os perdões concedidos (vendidos) pelos duques de Borgonha e por seus sucessores, os Habsburgo. Foram 3.468 perdões.

O assassinato modal da época poderia ter saído das páginas policiais de um jornal de hoje, com poucas diferenças: aconteceu ao escurecer (sem luz elétrica, os ritmos da vida eram ainda mais limitados), dentro ou perto de uma taverna (55% dos casos sobre os quais havia informações); tanto a vítima quanto o algoz eram *homens e jovens*. As mulheres representavam menos de 0,5% das 3.468 pessoas perdoadas em Artois.[1]

Afirmar que o homicídio havia ocorrido em resposta a provocações era uma desculpa aceitável para os perdões. O que constituía uma provocação

---

[1] Muchembled, 1989:19. Examinando os perdões em Paris, Natalie Davis (1987) também concluiu que os concedidos a mulheres representavam menos de 1% do total dos perdões.

era, claro, culturalmente definido. Na época, o chapéu era sagrado e, em Artois, 79 camponeses mataram e foram perdoados porque a vítima havia cometido a grande provocação de derrubar o chapéu do perpetrador.

Gráfico 1
Motivos alegados para os homicídios pelos perdoados em Artois

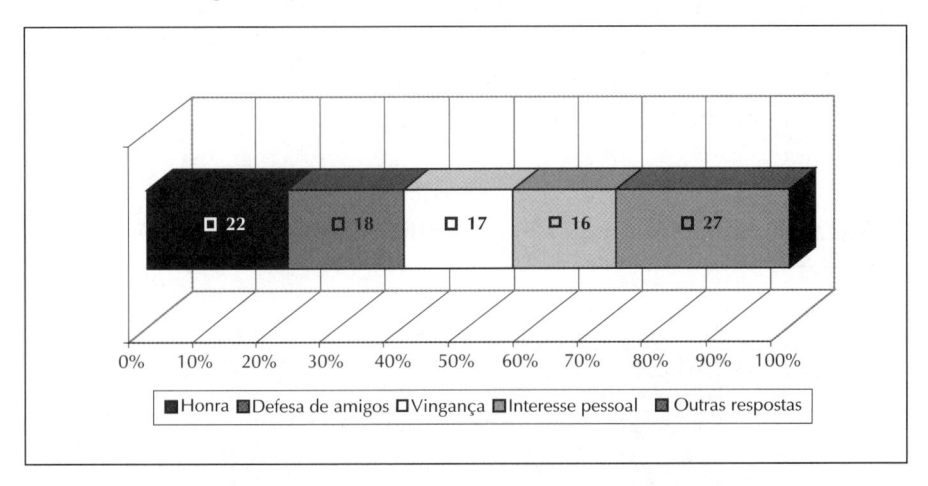

Outro dado interessante é a recusa a conceder perdões: os dados de Muchembled revelam que apenas 5% das petições foram recusadas, percentagem da mesma ordem de grandeza da encontrada por Davis em Paris. Em parte, o caráter mínimo dessa percentagem se explica por um comportamento difundido na época: o assassino fugia para outras plagas. Ou seja: ele próprio se bania. Sessenta por cento dos que solicitaram perdão haviam fugido, ao passo que apenas um em cada oito fez a petição da prisão. Era melhor fazer a petição de longe, por intermediários, ou depois, de memória.

Estudos como os de Muchembled e Davis confirmam que os homicidas e suas vítimas pareciam-se com os de hoje — a maioria era composta por homens, jovens e pobres — e que o contexto mais freqüente do homicídio tinha semelhanças com o de hoje: no fim do dia (tal como cultural e tecnologicamente definido), no fim de semana, perto de local de venda de bebidas.

A tendência histórica ao declínio da mortalidade violenta está presente em um estudo da mortalidade violenta na Grã-Bretanha levado a cabo em 1971 por P. E. H. Hair, usando várias fontes de localidades específicas. Os dados para a Grã-Bretanha mostram um declínio na taxa de homicídios de dois por 100 mil, *c.*1860, para 0,7 em 1960. As execuções foram escassas, 0,1 por 100 mil habitantes.

Uma das fontes usadas por Hair refere-se a Londres, estando baseada no *London Bills of Mortality*. Ela mostra uma redução na taxa anual de homicídios por 100 mil habitantes: de 3,2 em 1647-1700 para 1,4 em 1700-1749, para 0,6 em 1750-1799, chegando a 0,2 em 1800-1829. Essas são taxas extremamente baixas pelos padrões brasileiros. Interessantemente, as taxas de execuções superam as de homicídios: 5 em 1640-1700, 2,2 em 1700-1749 e em 1750-1799, e 1,8 em 1800-1829. Isso se deve à prática de levar os prisioneiros a Londres para serem executados.

Gráfico 2

Taxas de homicídios por 100 mil habitantes: Londres, 1647-1829

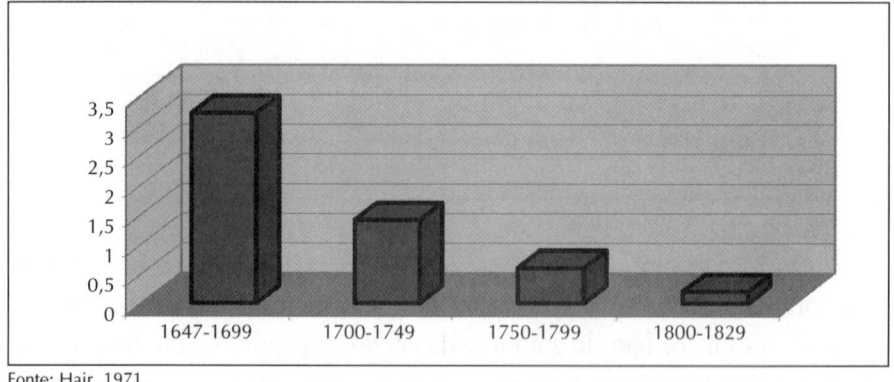

Fonte: Hair, 1971.

Hair discute a probabilidade de subenumeração, que seria significativa nos séculos mais distantes. Uma correção, se supõe, aumentaria as taxas dos homicídios mais antigos em maior proporção do que as dos mais recentes, o que tornaria a tendência ao declínio ainda mais marcante.

A extensão da perda de processos pode ser aquilatada por um estudo sobre Nottinghamshire entre 1530 e 1558: 44 processos relativos a homicídios estão preservados e são conhecidos; 12 estão em recuperação e 116 estão irremediavelmente perdidos. Numa população total estimada de 40 mil, os homicídios confirmados representam uma taxa de 3,8, ao passo que o total de processos representaria uma taxa de 14,8.[2]

---

[2] Gurr, 1981.

Um dos estudos mais antigos sobre o período refere-se a Bedfordshire, entre 1270 e 1276. Foram registrados 70 processos por homicídio. Porém as estimativas populacionais variam muito, afetando, claro, as taxas, que variam de 10 por 100 mil (estimativa populacional alta, de 100 mil habitantes) a 40 (estimativa baixa, de 25 mil).

A relação entre os homicídios e outras formas de crime era diferente: em Bedfordshire, no século XIII, um terço das mortes deveram-se a ataques por gangues de ladrões, que assaltavam as casas, *particularmente as rurais e isoladas.*

No estudo de Nottinghamshire, um quinto dos homicídios refere-se a cadáveres de pessoas assassinadas e deixadas nos campos ou nas ruas. Na Grã-Bretanha como um todo, uma percentagem muito alta dos assassinos fugia da localidade ou para não voltar mais ou para fazê-lo muitos anos depois. Isso mudou com os Tudor. Durante esse período, em 40% dos casos em que o autor era conhecido o argumento era "em defesa própria". Há indícios de essa caracterização ser verdadeira: os homicídios eram resultantes de brigas e discussões entre jovens pobres embriagados. O exame dos processos mostra que os crimes eram "do momento", havendo poucos com premeditação.

A violência do passado mais remoto, comparativamente à dos séculos XIX e XX, era claramente maior e atingia também as famílias nobres. T. H. Hollingsworth (1965) fez um estudo das mortes nas *ducal families* que mostra a alta participação das mortes violentas no total de mortes (a despeito das mortes por doenças serem mais freqüentes do que nos séculos mais recentes), assim como a tendência à diminuição da participação das mortes violentas no total das mortes dos *homens* dessas famílias: nada menos que 46%, quase a metade, entre 1330 e 1479, baixando dramaticamente para 19% entre 1480 e 1679 e, para fins de comparação, para menos de 5% entre 1730 e 1829. Esse dado *pode* indicar uma mudança na elite inglesa, mas essa mudança caminha *pari passu* com as observadas na população total: talvez se trate de uma mudança mais ampla.

O estudo de Bedfordshire mostra que, entre 1270 e 1276, 83% das vítimas eram *homens*, jovens ou adultos; em Nottinghamshire, entre 1530 e 1558, essa percentagem alcançava 93%. Esses dados revelam a maior vitimização dos homens e dos jovens. Essa relação, na qual venho insistindo há tempo, já era observável há mais de 700 anos no primeiro condado e há quase 500 no segundo. No concernente à associação entre gênero masculino e homicídio e entre juventude e homicídio, ela é confirmada em todas as sociedades e épocas para as quais há dados minimamente confiáveis.

O fato de, sob os Tudor, a ação do Estado, em geral, e a da justiça, em particular, terem incidido sobre a maior formalização da busca, apreensão e julgamento dos acusados, e também sobre a diminuição da taxa de homicídios, apóia a interpretação de Elias.

Séculos XIX e XX

O século XIX e a primeira metade do século XX foram caracterizados por uma redução substancial na taxa de homicídios na maioria dos países industrializados, amplamente documentada por Jean-Claude Chesnais na sua *Histoire de la violence*. Alguns países apresentavam taxas invejáveis já no século XIX: a Suécia, exemplo clássico, na década de 1871-1880, já ostentava uma taxa de 2,2 por 100 mil habitantes, conseguindo reduzi-la a menos de 1 por 100 mil habitantes durante o amplo período de 1920 a 1945. A Alemanha atingiu e manteve níveis inferiores a 1 por 100 mil de 1882 até 1910; havendo um pequeno crescimento até 1934, quando a taxa foi de 1,14, seguido de novo decréscimo. A França também reduziu cedo suas taxas, atingindo 1,37 em 1825-1830, mantendo-as abaixo de 1 ou pouco acima desse nível até 1930.[3] Chesnais também documenta um descenso das taxas de homicídio, na Inglaterra e no País de Gales, de pouco mais de 2 até cerca de 0,5 em 1930.

O sul da Europa teve um descenso que Chesnais considera "tardio". Em 1880, a Sérvia e a Itália tinham taxas próximas de 10 e a Espanha e a Romênia, próximas de 5. A taxa italiana decresceu entre 1880 e 1920, mas o período pós-guerra provocou um crescimento substancial, seguido de novo descenso, até 1941-1943; no período pós-II Guerra Mundial explo-

---

[3] Esses dados, porém, são artificialmente baixos, pois excluem infanticídios, parricídios e envenenamentos. Ver Chesnais, 1981.

diram as taxas italianas de homicídios, que chegaram a 18,7, decrescendo novamente até menos de 1 na década de 1960.

O crescimento acelerado da criminalidade violenta, sobretudo dos homicídios, que teria acontecido no fim do século XIX e início do XX nos Estados Unidos não é incontrovertido. Mais uma vez, fica claro que, sem dados adequados, as análises ficam comprometidas. A tese do grande crescimento que teria havido de 1890 a 1920, que chamarei de tese de Monkkonen,[4] baseou-se nos relatórios policiais de muitas das grandes cidades norte-americanas. Essas informações constituíam séries incompletas, tinham omissões de alguns anos e definições variáveis. Hoffman usou uma série que compreendia 28 grandes cidades americanas, chegando à conclusão de que a taxa de homicídios dobrara em 20 anos. Sutherland, no mesmo ano, discordou: trabalhando com dados de 61 grandes cidades, além de dados dos estados que relatavam suas ocorrências, afirmou que o crescimento foi muito menor. Sete anos depois, Beardsley argumentou que o crescimento se devia, em parte, à melhoria dos registros e, em parte, à mudança na composição das cidades e estados que relatavam as ocorrências: estados com taxas mais altas passaram a relatar. Comparando os mesmos estados e as mesmas áreas, o crescimento foi modesto.

A análise de Beardsley leva à conclusão de que *as taxas já eram altas no fim do século XIX*. Mas essa conclusão não é aceita por todos. No mesmo ano, 1989, Gurr, Lane[5] e Zahn publicaram trabalhos com conclusões divergentes.[6]

Os "estudos pioneiros" sobre o crime e o homicídio são tão antigos quanto a história. Porém, talvez um dos primeiros estudos quantitativos de maior seriedade seja o de Quetelet, que construiu uma relação entre o número de estudantes por mil crianças e um indicador negativo de violência,

---

[4] Ver Monkkonen, 1981. O tema foi debatido muito antes de Monkkonen, inclusive por Hoffman e pelo grande Sutherland, ambos em 1925, e por Beardsley, em 1932.
[5] Lane é um dos historiadores do crime mais respeitados nos Estados Unidos, com ampla produção de qualidade. Ver Lane, 1968, 1979, 1980, 1986 e 1989.
[6] Ver Gurr, 1989:21-54; e Zahn, 1989:216-234. Ver também Zahn, 1980:111-132.

o número de habitantes por crime contra a pessoa.[7] Mas essa relação, fundamentada em sete observações (as divisões políticas da Prússia) é muito puxada por um *outlier*, a Pomerânia, que está muito acima das demais nas duas variáveis. As explicações dadas por Quetelet para relações nesse nível de agregação utilizam conceitos diferentes dos de hoje. Falam de mistura de sangue e de civilização, tema que seria retomado por Elias.

As séries históricas sobre crimes e homicídios de alguns países europeus são muito antigas. Infelizmente, as séries latino-americanas são posteriores à II Guerra Mundial, tendo muitas começado nas décadas de 1970 ou 80. A qualidade dos dados é outro fator importante: a cobertura e as definições variam muito. Assim, comparações que incluam países latino-americanos e suas divisões são historicamente limitadas, sendo poucos os países com dados minimamente confiáveis anteriores a 1960. No Brasil, os dados começam em 1979 (em alguns casos, 1977), o que limita o teste de uma teoria em voga: a de que o crescimento recente do crime e da violência foi uma resposta à crise da década de 1980, iniciada com a moratória mexicana em 1982. Não temos séries longas e confiáveis *anteriores* à crise que permitam detectar *mudanças* a partir de 1982. Porém, os dados existentes mostram que a taxa de homicídios vinha crescendo. Além disso, as séries que temos de alguns países latino-americanos *não* revelam qualquer impacto da crise dos anos 1980 sobre as taxas de homicídio. Esse não foi um fenômeno generalizado na América Latina.

A experiência da Costa Rica durante a "década perdida" não mostra tendência ascendente: o homicídio seguiu o padrão da estabilidade. Durante 10 anos variou entre 3,5 e 4,4. A estabilidade é demonstrada pelo fato de que, em um país com quase 2,3 milhões de habitantes no início do período e quase 3 milhões no final, a diferença entre o número *absoluto* de homicídios mais alto e o mais baixo foi de 33 mortos! Se incluirmos 1990, essa diferença sobe apenas para 55.

Três anos mais tarde, os homicídios estavam em 160 e as taxas em 4,9; 13 anos depois, em 2005, haviam aumentado para 290 e a taxa para

---

[7] A influência de Quetelet revela-se na existência do Le Réseau Quetelet, fundado em dezembro de 2001, com a missão de prover os pesquisadores com dados de *surveys*.

6,7. Na década de 1990 e no início do novo milênio houve um crescimento dos homicídios, mas num nível que coloca a Costa Rica como um dos países mais seguros do hemisfério.

Tabela 1
Número de homicídios e taxa por 100 mil habitantes:
Costa Rica, 1980-1990

Anos	Homicídios	Habitantes	Taxa por 100 mil
1980	101	2.284.495	4,4
1981	103	2.353.128	4,4
1982	84	2.423.835	3,5
1983	95	2.495.984	3,8
1984	97	2.568.940	3,8
1985	108	2.642.073	4,0
1986	103	2.715.831	3,8
1987	113	2.790.635	4,0
1988	117	2.865.813	4,0
1989	116	2.940.690	3,9
1990	139	3.014.598	4,6
1993	160	—	4,9
2005	290	—	6,7

Se, por um lado, a Costa Rica apresenta uma das taxas de homicídio mais baixas da América Latina, o quase vizinho El Salvador tem uma das mais altas, possivelmente a mais alta. Contudo, as taxas podem estar decrescendo em El Salvador. Em 1994, a taxa por 100 mil habitantes era de 138,2, em 1995 permaneceu no mesmo nível —138,9 —, mas declinou sensivelmente em 1996, quando atingiu 117,4, continuando a baixar em 1997 para 111,2. Os dados referentes a 1998 mostram uma queda muito grande, mas não incluíam alguns meses do ano e refletiam modificações na contabilidade dos crimes.[8] É possível que muitos homicídios tenham deixado de entrar na base de dados porque não puderam ser investigados ou porque as investigações foram interrompidas. O resultado, triste, é não termos séries históricas fidedignas em El Salvador a partir de 1998. Há dados esparsos, com problemas metodológicos desconhecidos. O Centro

---

[8] Dados coletados por José Miguel Cruz, Álvaro Trigueros Argüello e Francisco González (1999).

de Estudios de Justicia de las Américas, da OEA, estima a taxa referente a 2005 em 87,2, o que significaria uma importante redução.

Gráfico 3

Taxa de homicídios por 100 mil habitantes: El Salvador, 1994-1997

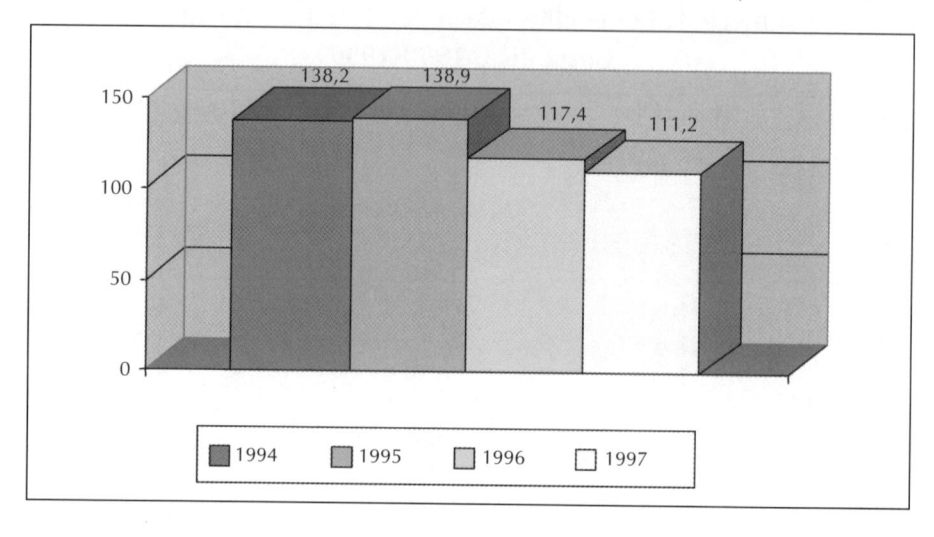

2

O CARÁTER ESTRUTURAL DAS MORTES VIOLENTAS

A violência, particularmente no que diz respeito aos homicídios, é percebida pela maioria das pessoas como caprichosa e imprevisível. Seria uma "fatalidade", não um fenômeno social e psicologicamente determinado, cognoscível e controlável. Essa concepção gera um sentimento de impotência, de estar lidando com algo fora do controle humano, que não se pode impedir, evitar. É uma visão perigosa, que pode conduzir ao imobilismo fatalista. Os homicidas seriam imprevisíveis ou pessoas que se tornaram imprevisíveis *naquele momento*. A lei e a jurisprudência não escaparam dessa visão, diferenciando entre crimes passionais e premeditados, e punindo a premeditação.[9] Porém, as mortes violentas, incluindo os homicídios, são previsíveis *no seu conjunto*. Num bairro, cidade, município, estado ou país, o número de homicídios em um ano, em geral, se assemelha ao número de homicídios do ano anterior! Os países mais violentos em um ano são os mesmos dos anos anteriores. As áreas mais violentas são quase sempre as mesmas, ano após ano.

---

[9] Não confundo previsibilidade com premeditação. Mas, do ponto de vista da prevenção, não tenho conhecimento *no momento* que permita afirmar que a elevação da pena e a certeza da punição afetam mais os que premeditam.

O objetivo deste capítulo é demonstrar que os homicídios são fenômenos *estruturais*. Estrutura, *como a uso*, comporta as seguintes noções:

- segue a tendência de mudanças graduais, sem prejuízo de oscilações de conjuntura, tendo em vista os limites superior e inferior do número possível (teoricamente zero para toda a população);
- segue um padrão estável, ainda que mutável, de relações com as variáveis externas com que apresenta correlações que não mudam substancialmente de valor no tempo (usualmente unidades diárias, mensais ou anuais);
- sua *composição interna* (por idade, gênero etc.) também é estável (sempre dentro de amplos parâmetros).

A análise dos homicídios no Brasil de 1979 a 2001 mostra que o crescimento durante o período foi linear. Aumentando aproximadamente 1.580 homicídios por ano, o número se desvia pouco da reta de regressão. A estabilidade faz com que a melhor previsão dos homicídios em um ano seja dada pela tendência dos homicídios até o ano anterior (gráfico 4).

Gráfico 4
Estimativa do número de homicídios: Brasil, 1979-2001

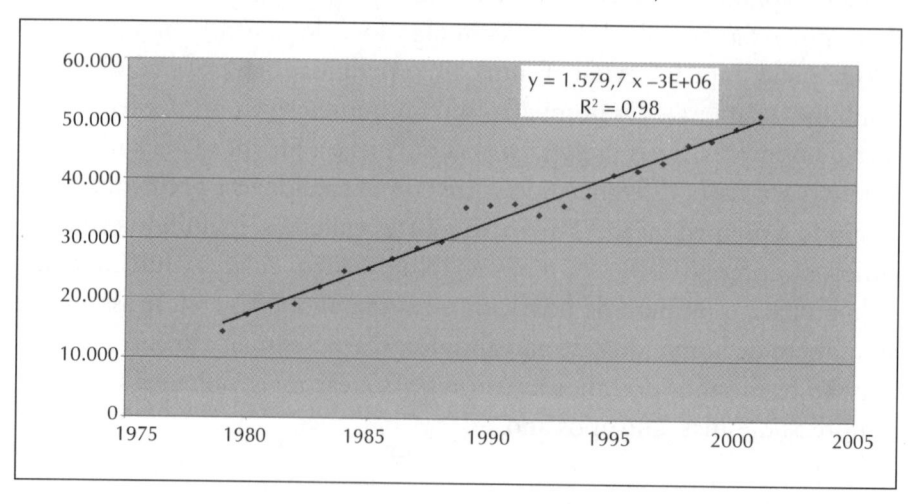

Isso não é novidade. Em 2000, demonstrei que essa estabilidade existia em vários países e estados. As surpresas são raras. As mortes violentas são um fenômeno *estável* e sua ordem de grandeza pode ser prevista com relativa acuidade a partir dos dados referentes aos anos anteriores — sempre e quando há estatísticas confiáveis. As *taxas* (que controlam a população) indicam uma tendência ao crescimento a partir de 1979. Partindo de aproximadamente 10 por 100 mil, a taxa no Brasil aumentou linearmente 0,96 ao ano.

A estabilidade permite a previsão. Os dados para o Brasil mostram que houve 47 mil mortos em 1999, 49 mil em 2000 e 51 mil em 2001. Nesse período, o aumento foi de cerca de 2 mil por ano. Assim, em condições normais, nos próximos anos, o número de homicídios no Brasil se situará entre 30 mil e 60 mil, não serão apenas mil, nem serão 1 milhão. Numa população estimada em 190 milhões em dezembro de 2007, essas são cifras percentualmente quase invariantes: 0,00001%.

Assim, o homicídio é um fenômeno estável e, *no agregado*, altamente previsível, cujas taxas variam pouco de ano para ano. Como a população também muda gradualmente, salvo em guerras, epidemias, outras catástrofes e grandes migrações, o número absoluto de homicídios num estado ou país muda pouco de ano para ano. Essa observação vem sendo feita há muito tempo.

A estabilidade também pode ser observada em países ainda mais violentos que o Brasil. A Colômbia conviveu por décadas com altas taxas, ainda que, a partir de 1993, tenha visto em algumas de suas cidades programas exitosos de redução de mortes violentas, tanto homicídios, quanto mortes no trânsito. Os dados mostram os primeiros resultados desses esforços iniciados em 1993. Em 1988, a taxa colombiana era de 74 por 100 mil habitantes; em 1989 e 1990, de 75; em 1991, aumentou para 86; em 1992 e 1993, permaneceu próxima, com 84 e 86; baixando, em 1994, para 78 e, em 1995, para 72. O decréscimo continuou, particularmente em Bogotá.

A República Dominicana também se ajusta ao padrão incremental que caracterizou vários países a partir da década de 1970. As taxas de homicídio por 100 mil cresceram de 8,3 para 14,3 em 19 anos. Dados recentes, retirados do discurso presidencial de 2006, indicam que a taxa continuou aumentando, atingindo 21,6.

Tabela 2

**Taxa anual de homicídios por 100 mil habitantes:
República Dominicana, 1981-1984 e 1991-1999**

Anos	Taxa de homicídios
1981	8,3
1982	8,8
1983	8,6
1984	9,2
1991	12,4
1992	10,8
1993	12,2
1994	12,9
1995	12,7
1996	12,8
1997	12,6
1998	13,4
1999	14,3
2005	21,6

Fontes: Adaptado de Ramírez e Cabral, 2003; para 2005: discurso do presidente da República, Leonel Fernández, perante a Assembléia Nacional em 27 de fevereiro de 2006.

Passando à análise dos *estados*,[10] Claudio Beato demonstrou que, em Minas Gerais, durante muitos anos, os diferentes crimes, inclusive homicídios, mudaram lentamente no tempo. Os municípios mais violentos, como grupo, eram os mesmos, ano após ano, assim como os *menos* violentos. Alguns trocavam de posição no topo e outros, na base. Minas Gerais é um estado importante na análise da violência no Brasil por sua relevância política; por ser um dos estados em que a população e o produto são mais elevados; por ter uma polícia que, há décadas, é considerada das melhores do país; por sua tradição de pesquisas criminológicas sérias; e por seus so-

---

[10] Em alguns países latino-americanos, são (ou foram) províncias, departamentos, cantões, entidades federais etc.

ciólogos e criminólogos terem compromisso com a *pesquisa de resultados*, com a aplicação do conhecimento na diminuição do crime e da violência.[11] O Crisp, um dos melhores centros de pesquisa do Brasil, realizou um esforço louvável para melhorar as informações sobre o crime e a violência e tem uma atitude positiva a respeito da divulgação desses dados.[12]

Os dados referentes a Minas Gerais, se comparados aos da maioria das unidades da federação, são bons; mas, se comparados aos de países desenvolvidos, deixam muito a desejar.

Gráfico 5
**Desvios-padrão e médias das taxas de homicídio:
25 regiões de Minas Gerais, 1985-1997**

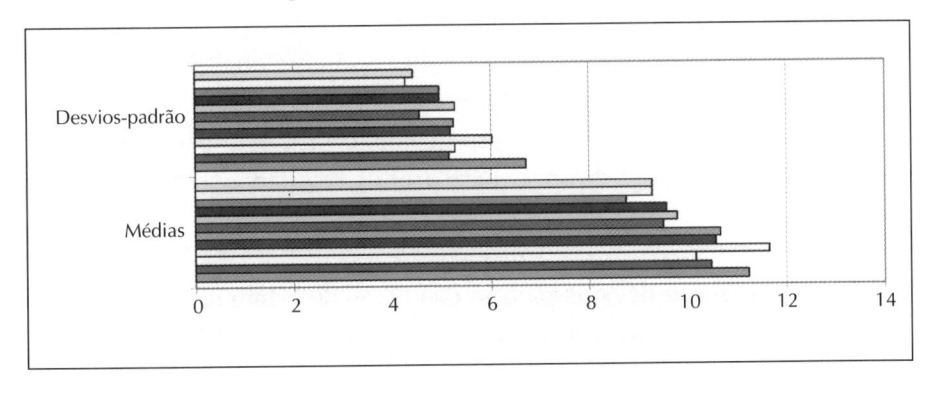

As médias e os desvios-padrão das taxas de homicídio das regiões mineiras variaram pouco em 12 anos. A média ficou entre o mínimo de 9,29 e o máximo de 11,63, e o desvio-padrão variou entre 4,27 e 6,62. Outra maneira de avaliar a estabilidade do fenômeno é através de correlações entre as taxas de homicídio de cada região em anos diferentes. Essa estratégia proporciona dados sobre um aspecto diferente da estabilidade. Ela nos fala menos sobre se as taxas variaram e mais sobre se elas variaram *juntas*. Se as

---

[11] O estado de Minas Gerais tem tradição em criminologia. Beato foi precedido por Antonio Paixão e Edmundo Campos, já havendo vários criminólogos jovens que participam ativamente de pesquisas.

[12] Infelizmente, em vários estados, dados sobre crimes e violência foram e continuam sendo tratados de maneira secreta, na mais pura tradição da ditadura militar.

taxas de um ano qualquer, nas diferentes regiões, fossem independentes das de outros anos, as correlações seriam próximas de zero. Mas não o são.

De 1986 a 1997, as taxas de homicídio nas 25 regiões mineiras se correlacionam intimamente. A taxa de 1986 apresenta um coeficiente de correlação (produto-momento) de 0,87 com a de 1996 e de 0,83 com a de 1997! Essas correlações são significativas no nível de 0,000 — menos de uma chance em mil de que se devam ao acaso, com testes unidirecionais. Todas as 66 correlações foram significativas nesse nível exigente.

O uso de unidades menores, com dados mais específicos (e mais sujeitos a variações), os municípios, convalida minha hipótese sobre a estabilidade das mortes violentas, em geral, e dos homicídios, em particular. As correlações, usando os mesmos dados desagregados em 713 municípios, são menores. A redução era esperada, devido à menor agregação. Não obstante, a significação estatística é muito alta. Somente duas das 66 correlações não foram significativas no nível de 0,000, mas o foram uma no nível de 0,001 e outra no de 0,008. O uso de coeficientes não-paramétricos, o tau-b de Kendall e o rho de Spearman, produz resultados semelhantes.

Gráfico 6

Médias e desvios-padrão das taxas de homicídio: 713 municípios de Minas Gerais, 1986-1997

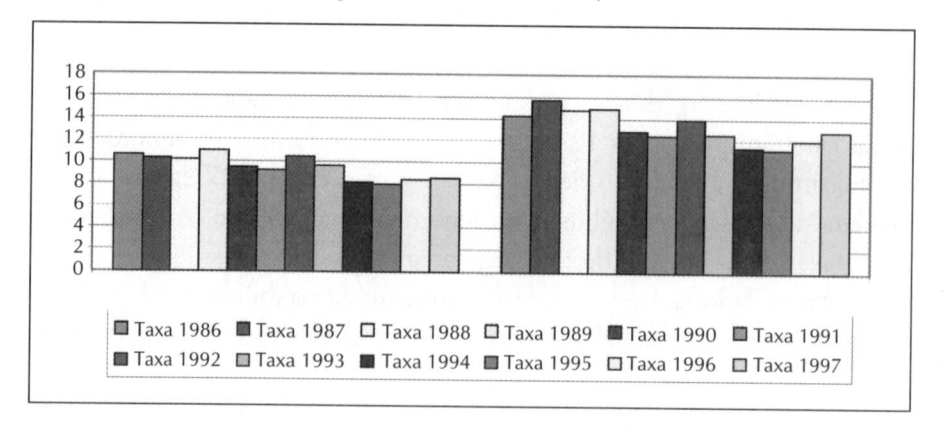

As médias variaram entre 7,97, em 1995, e 10,9, em 1989. Elas escondem grandes variações *entre* os municípios: em todos os anos, houve municípios com taxa zero, ou seja, nenhuma pessoa assassinada. Porém, a taxa mais elevada de um município variou de 70, em 1995, a 153, em 1987. Há em Minas Gerais, como nos demais estados brasileiros estudados, municípios com taxas de homicídio de nível catastrófico. Contudo, essas estatísticas devem ser interpretadas com cuidado, porque em municípios com população pequena, poucos homicídios podem reclassificar o município de um dos menos para um dos mais violentos. Infelizmente, durante parte da década de 1990 e até 2002, as taxas de homocídio cresceram rapidamente em Minas Gerais, particularmente na Região Metropolitana de Belo Horizonte.

Os dados relativos às regiões são mais estáveis do que os municipais. A taxa regional mais baixa em todos os anos foi 0,96 — o que poderíamos chamar de nível japonês; a mais alta, 25,5, é da mesma ordem de grandeza da média nacional brasileira na década de 1990.

A estabilidade também pode ser observada em níveis locais, entre subdivisões de municípios, cidades e áreas metropolitanas. As taxas de homicídio nos distritos sanitários de Salvador, Bahia, variaram "proporcionalmente" entre 1991 e 1994.

Gráfico 7

Taxas de homicídio nos distritos sanitários de Salvador, 1991 e 1994

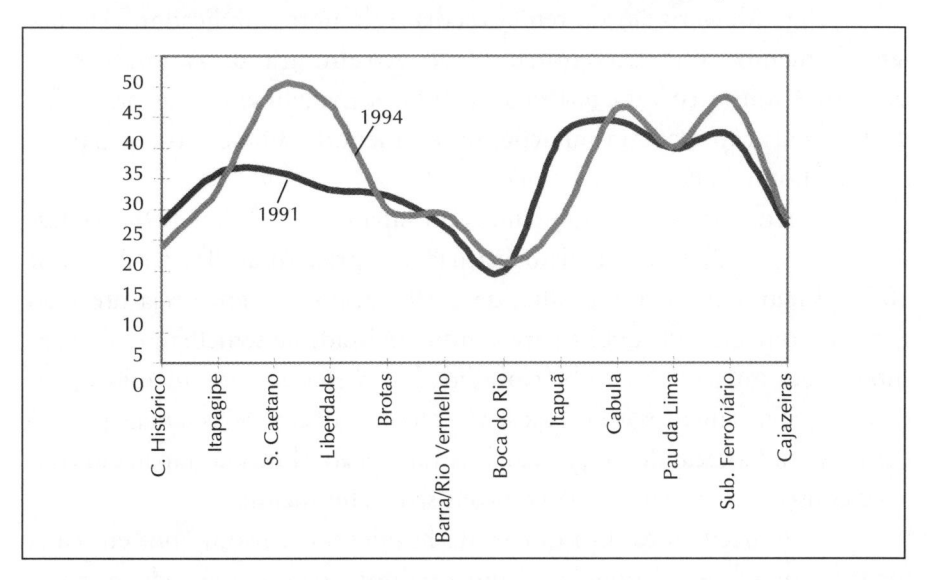

Dados relativos à *Área Metropolitana* de San Salvador, em El Salvador, também se enquadram dentro dos parâmetros da estabilidade. Os dados para seis anos, 1993 a 1998, mostram que as taxas por 100 mil habitantes se mantiveram num patamar, flutuando entre um mínimo de 72,6 e um máximo de 89,8 homicídios. Portanto, não houve, *durante esse período*, uma explosão da violência.

Gráfico 8
**Taxa de mortalidade por homicídios: Área Metropolitana
de San Salvador, 1993-1998**

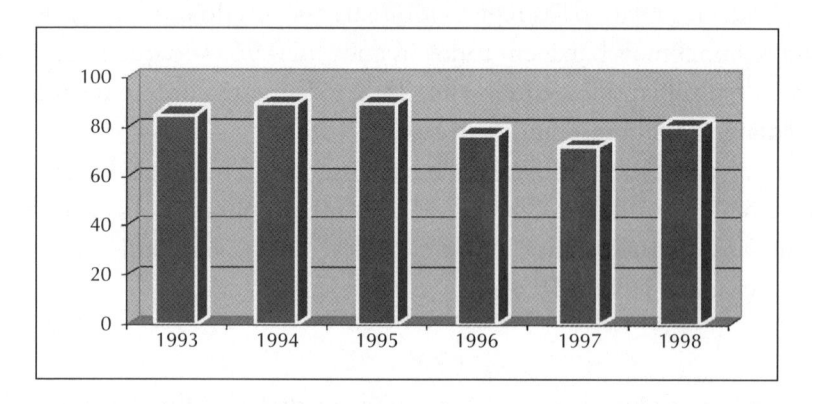

A grande variação de renda média e de outros indicadores de desenvolvimento econômico entre unidades geoadministrativas (municípios, estados) é um traço característico do subdesenvolvimento. Os países industrializados apresentam variações muito menores. O mesmo vale para as taxas de homicídio.

A média da taxa de homicídios no Japão em 1990 foi 1,07 e o desvio-padrão, 0,52! A taxa mais baixa nas 46 "prefeituras" foi de 0,33 por 100 mil habitantes e a mais alta, de 3,19. Embora o Japão seja um caso extremo, o padrão de alguns países industrializados é semelhante. As suas subdivisões internas, sejam bairros, cidades, prefeituras, municípios, províncias, departamentos ou estados, são menos diferenciadas e mais parecidas entre si. Colocando no gráfico 9 os valores absolutos no Japão em dois anos consecutivos, vemos quão estáveis são os homicídios.

O conhecimento do número de homicídios em um ano, em cada uma das prefeituras japonesas, é um preditor quase perfeito do número de homicídios no ano seguinte. Embora o homicídio seja um fenômeno estável em quase todos os tempos e lugares, é particularmente estável nas sociedades mais desenvolvidas.

Gráfico 9
Número absoluto de homicídios, por prefeituras:
Japão, 1990 e 1991

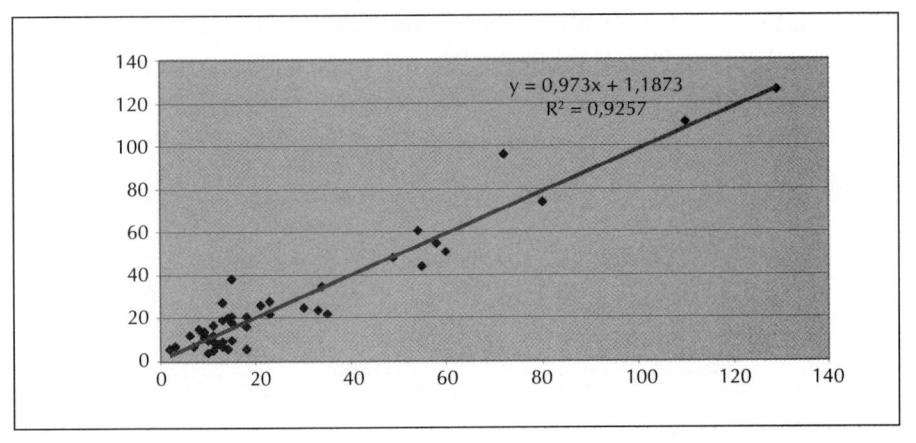

Na Colômbia, entre 1988 e 1995, um período politicamente conturbado de oito anos, a taxa de homicídios jamais foi inferior a 70, nem alcançou 90. Flutuou nessa faixa.[13]

Estabilidade não significa imutabilidade. Há mudanças. Por exemplo: o número de mortos por 10 mil veículos no trânsito apresenta claro decréscimo a longo prazo no Brasil: 53,8 em 1961; 34,4 em 1971; 17,0 em 1981; e 11,3 em 1991. A partir daí, há um decréscimo secular menor: 10,1 em 1992; 9,9 em 1993; 9,8 em 1994; e 9,6 em 1995. Programas como o Paz no Trânsito, do Distrito Federal, reduziram dramaticamente as mortes por 10 mil veículos. A nova Lei do Trânsito salvou, somente no seu primeiro ano, entre 4 mil e 5 mil pessoas. O relaxamento na sua aplicação fez com que a taxa não continuasse a cair de forma acelerada como seria de esperar. O Estatuto do Desarmamento foi seguido pelo primeiro decréscimo sustentado na taxa de homicídios no Brasil.

É contra o pano de fundo desse padrão de estabilidade que se examinam o crescimento e o decréscimo rápidos de qualquer taxa de homicídios. Um crescimento súbito sugere fatores novos, como crescimento acelerado

---

[13] Diferentes fontes de dados usam com freqüência definições diferentes, que incluem algumas categorias de mortes por causas externas e deixam de incluir outras. Por isso, as comparações longitudinais de uma mesma fonte são mais consistentes do que as que usam mais de uma fonte, uma para cada segmento de tempo.

do consumo de drogas e da luta por pontos de distribuição; acesso fácil a novas e potentes armas; colapso de fatores dissuasórios, como a polícia e outros mais, ou o fim de uma guerra. Os crescimentos acelerados são raros, mas existem: em Cali, a taxa de homicídios aumentou de 23 para 124 entre 1983 e 1994. É desnecessário dizer que o período corresponde à aceleração do tráfico de drogas em um país em guerra civil.[14]

Em alguns casos, as taxas de um país podem crescer aceleradamente: foi o que aconteceu na Venezuela (tabela 3).

Tabela 3
Total de delitos e de homicídios: Venezuela, 1991-2000

Anos	Nº de delitos	Taxa*	Nº de homicídios	Taxa
1991	236.481	1.184	2.502	13
1992	247.266	1.210	3.366	16
1993	266.882	1.276	4.292	21
1994	271.493	1.270	4.733	22
1995	251.827	1.153	4.481	21
1996	261.630	1.173	4.961	22
1997	236.742	1.040	4.225	19
1998	239.412	1.030	4.550	20
1999	246.671	1.041	5.968	25
2000	236.165	977	8.022	33

Fonte: Ministério do Interior da Venezuela.
* Por 100 mil habitantes.

Os dados venezuelanos mostram um período de crescimento de 1991 a 1993, estabilidade até 1997 e uma explosão a partir daí.

A estabilidade refere-se também a aspectos *composicionais* do homicídio: as características de quem morre e de quem mata, dias da semana, horários, meses, os instrumentos com que se mata etc. As armas de fogo respondem por uma percentagem cada vez maior do total de homicídios no Brasil, mas essas mudanças se dão a médio e longo prazos (gráfico 10).

---

[14] A despeito dessas circunstâncias altamente desfavoráveis, o município aplicou políticas eficientes, que reduziram a taxa de 124 em 1994 para 86 em 1997.

Gráfico 10

**Participação de armas de fogo no total de homicídios:
Brasil, 1979-2001**

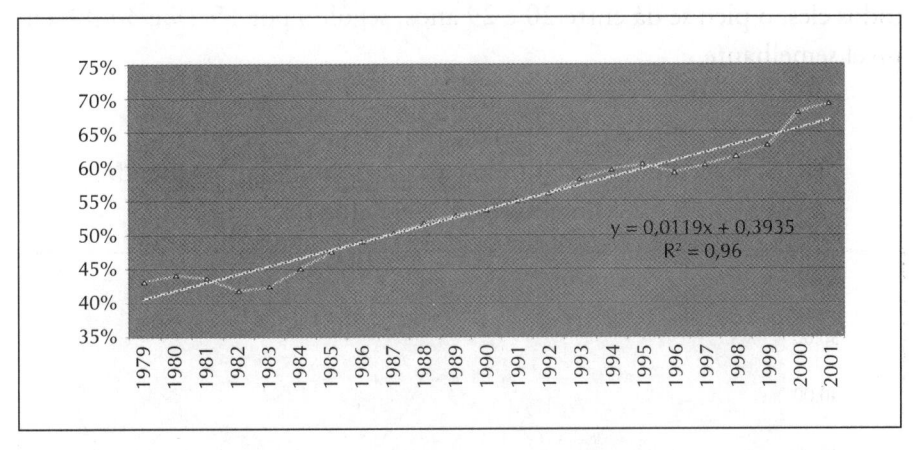

Os dados mostram a ocorrência de uma mudança a longo prazo na composição dos homicídios por instrumento, com o crescimento sistemático da participação das armas de fogo: de 1979 a 2001, inclusive, o emprego de armas de fogo cresceu de 43% para 69%, mas os dados cobrem 23 anos, um amplo período. O aumento anual foi de aproximadamente 1,2%. No primeiro ano, os limites possíveis seriam um descréscimo de 43% sobre o total até um crescimento de 57% sobre o total.

A *composição* dos homicídios também é estável. Há um consenso na literatura internacional de que os crimes violentos, em geral, e o homicídio, em particular, são fenômenos *jovens,* sendo jovens tanto as vítimas quanto os assassinos. A idade precisa na qual se observa o pico de freqüência varia de país para país, de época para época, e de acordo com o crime específico, mas em todos os casos é um fenômeno *jovem.* A associação de juventude e *crime* é válida para muitos países e épocas diferentes, o que levou Hirschi e Gottfredson (1983) a afirmarem que não existe teoria sociológica adequada para o homicídio e o crime; isso porque nenhuma teoria sociológica conseguiria explicar satisfatoriamente a universalidade da existência dessa relação, nem as variações que a forma dessa relação tem assumido no tempo e no espaço. Estudo as vítimas, mas as pesquisas sobre homicidas mostram que eles também são jovens.

Os dados de Minas Gerais referentes a cinco anos (1997-2001), que incluem dois anos de crescimento rápido da taxa de homicídios (2000 e 2001), mostram que a forma da curva se reproduz nos cinco anos. Em todos eles, o pico se dá entre 20 e 29 anos, seguido por 15-19 e 30-39, em nível semelhante.

Gráfico 11
Taxas masculinas de vitimização por homicídio, por idade: Minas Gerais, 1997-2001

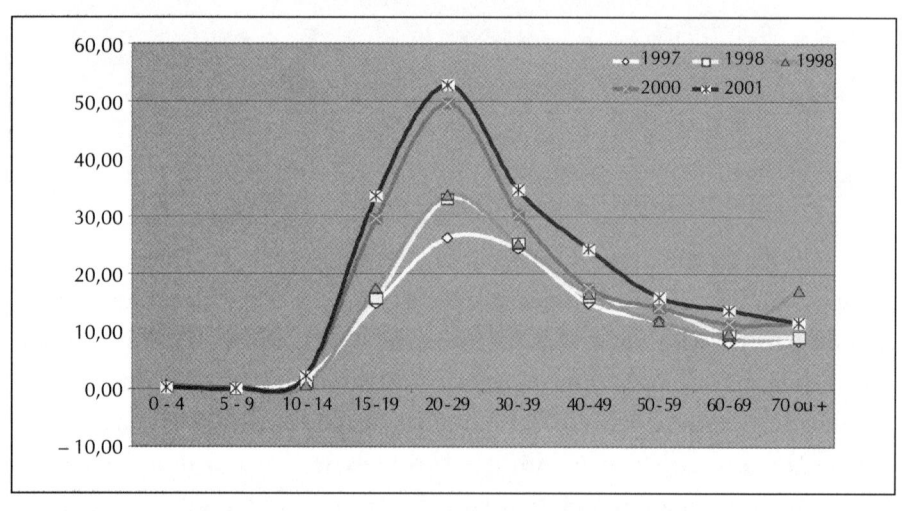

Nota: Gráfico preparado pelo autor com dados organizados pela Fundação João Pinheiro.

Ainda que se possa advertir o crescimento que caracterizou o homicídio no estado de Minas Gerais a partir de 1997 e, sobretudo, a partir de 1999, vê-se que o crescimento afetou principalmente os intervalos localizados entre 10 e 14 anos e entre 40 e 49 anos, inclusive. A faixa etária mais atingida foi a de 20-29 anos.

O caráter estrutural também percorre o espaço e se reproduz em outras unidades da Federação. Dados referentes ao Rio Grande do Sul, usando cortes um pouco diferentes, foram organizados por Letícia Maria Schabbach e Aida Griza, da Secretaria Estadual da Justiça e da Segurança.[15]

---

[15] Há um estudo interessante sobre a mortalidade de jovens por homicídio que confirma as conclusões de vários estudos realizados fora do Brasil. Ver Sant'Anna, Aerts e Lopes, 2005:120-129.

A inspeção visual deles mostra que seguem uma forma semelhante à de Minas Gerais.

Gráfico 12
**Idades e taxas de vitimização por homicídio:
Rio Grande do Sul, 1995-1999**

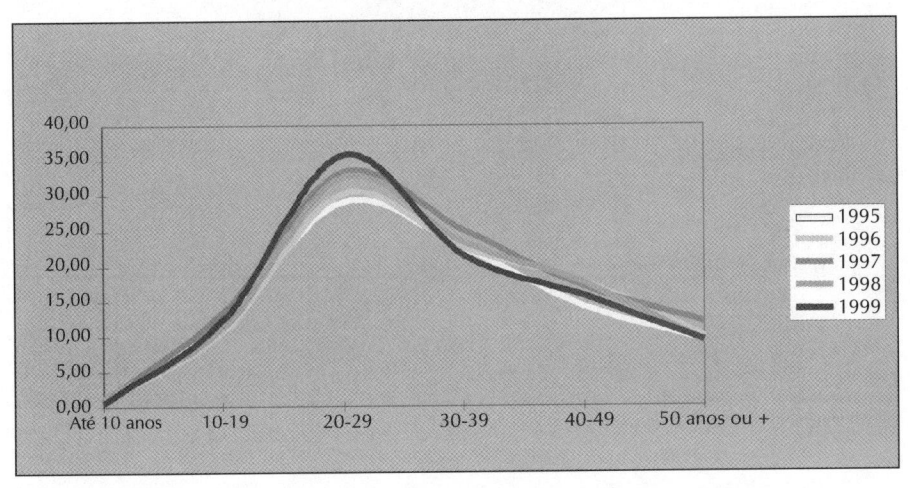

Nota: Gráfico preparado pelo autor com dados organizados por Letícia Schabbach e Aida Griza.

Para que as relações com variáveis externas sejam estáveis, sendo os homicídios fenômenos estáveis, é necessário que essas variáveis também sejam estáveis. Se, como vimos que acontece na maioria dos casos, os homicídios tendem a ser relativamente estáveis e a mudar linearmente a curto e médio prazos, segue-se que a relação com variáveis externas que variem muito, tanto para cima quanto para baixo, (padrão ziguezague) terá muita variância não explicada, porque os ziguezagues das variáveis explicativas não são acompanhados pelas dos homicídios. Por outro lado, como as taxas de homicídios mudam, também não há relações imutáveis com variáveis independentes.

As relações com variáveis estruturais podem ser feitas no tempo, no espaço e em combinação com ambas as dimensões. Por exemplo, relacionando a taxa de homicídios à idade, às armas de fogo, em anos diferentes, para mostrar a existência de um *padrão* nessas relações, como mostra o gráfico 13.

Gráfico 13

**Percentagem de homicídios por arma de fogo/total de mortes,
segundo idade e ano: Brasil**

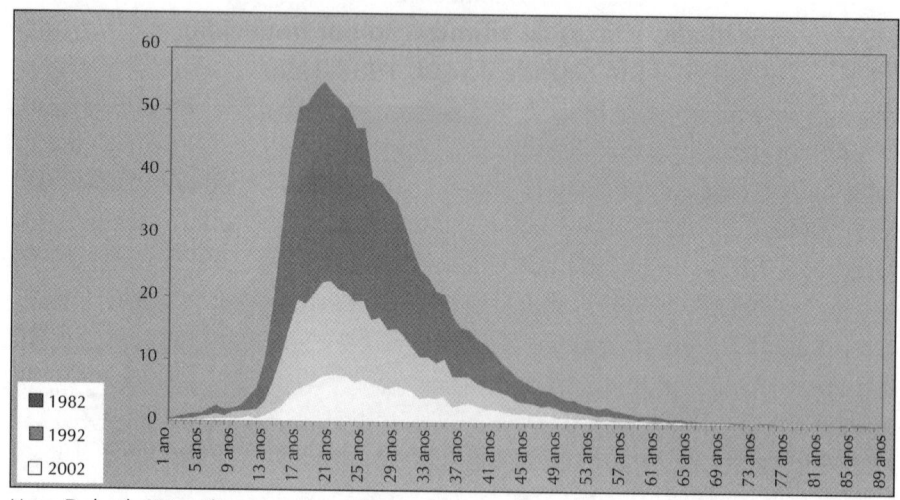

Notas: Dados do SIM; gráfico preparado por Doriam Borges.

Uma primeira leitura do gráfico nos diz que houve um crescimento decenal da participação das armas de fogo nos homicídios; a segunda revela que esse crescimento *acentuou* a relação curvilinear entre a idade e a participação das armas de fogo.

Assim, fica claro que a *composição* dos homicídios é estável, mas que há mudanças ao longo das décadas, e que as mudanças também se relacionam com a dimensão composicional estudada. Obtêm-se resultados semelhantes quando se estuda o gênero ou o estado civil e, não, a idade.

A estabilidade também caracteriza as correlações entre macrocovariatas e as taxas de homicídios. As análises das taxas ajustadas de homicídios em Minas Gerais nos 723 municípios comuns a 1991 e 2000 permitem três conclusões:

- várias correlações com algumas variáveis estruturais são significativas, mas baixas;
- esse é um padrão válido para os dois anos analisados, que são separados por nove anos;
- as correlações foram ligeiramente mais altas em 2000.

Em 1991, as correlações de ordem (de Spearman) com a maioria das variáveis estruturais não alcançaram 0,1 e, em 2000, nenhuma alcançou 0,3, mas quase todas eram significativas no nível de 0,000. Algumas, porém, não eram (reti)lineares, podendo-se obter resultados melhores buscando a *forma* adequada de regressão.

O paradoxo das mortes violentas, à semelhança de outras catástrofes, é que se, por um lado, sua estrutura relacional e sua ordem de grandeza são previsíveis, por outro, não há como prever *quem* serão as vítimas. No momento inicial do conhecimento, o pesquisador encontra uma taxa para uma população ampla — cidade, município, estado, país. No ponto de partida — quando o conhecimento é zero —, a probabilidade de uma pessoa ser vítima de homicídio, suicídio ou acidente é igual à de qualquer outra pessoa. Subseqüentemente, o pesquisador agrupa e classifica a população com base em critérios relacionados com a probabilidade de vitimização pelo fenômeno que quer explicar: homicídios, suicídios ou acidentes. Pelo estudo das variáveis sociodemográficas associadas ao fenômeno no nível macro, classifica os indivíduos em subconjuntos com *probabilidades diferentes* (jovens *versus* idosos, homens *versus* mulheres etc.) de vitimização. O objetivo último, inatingível, seria especificar as probabilidades *individualmente*, de modo a saber exatamente quem morrerá e quem sobreviverá. Evidentemente, no estado atual do conhecimento, estamos muito longe de poder prever quem serão os indivíduos atingidos pelas catástrofes humanas.

Porém, o paradoxo tem um lado otimista: ainda que não se possa prever quem morrerá, pode-se reduzir o número de mortes mediante políticas públicas adequadas. Esse foi o caso de Bogotá e de Diadema (por exemplo), que reduziram drasticamente suas taxas de homicídio. Foi também o caso do Paz no Trânsito, um movimento social e uma série de políticas congruentes que provocaram o decréscimo na taxa de mortos por 10 mil veículos no Distrito Federal: em dezembro de 1995, a taxa era 10,9; em maio de 1998, havia baixado para 5,5%. Caso a taxa se mantivesse no nível de 1994, teriam morrido cerca de mil pessoas a mais. As estatísticas estruturais não têm rosto, mas estão cheias de vida.

3

COVARIATAS ESTRUTURAIS

Desenvolvimento econômico e homicídio

Um dos defensores da tese de que o desenvolvimento econômico influencia o crime é Preben Wolf. Wolf analisou as taxas de crime de 1971, chegando à conclusão de que países pobres e ricos têm um *padrão* diferente de crimes — não que o desenvolvimento afete *todos* os crimes da mesma maneira, mas o homicídio diminuiría com o desenvolvimento, ao passo que alguns outros crimes aumentariam. Esses resultados foram confirmados por Wellford (1974), cujo estudo também concluiu que os crimes contra a propriedade *aumentam* com o desenvolvimento, enquanto os homicídios diminuem. Os resultados desses estudos foram confirmados por David Shichor, usando dados de 1976-1978. Shichor (1985:96-97) dividiu os países em três grupos, de acordo com o nível de desenvolvimento. Seus resultados mostram uma leve tendência à diminuição das taxas de homicídio à medida que os países se desenvolvem, mas uma tendência ao *aumento* dos crimes contra a propriedade, tal qual denunciados pelos interessados. Os conhecidos problemas da comparabilidade internacional das taxas de crimes se aplicam nesses casos, particularmente aos crimes contra a propriedade.

Os problemas metodológicos dão a tônica de alguns estudos publicados depois. Krohn (1976 e 1978) e Krohn e Wellford (1977) confirmaram a relação negativa entre desenvolvimento econômico e taxas de homicídios, e a relação positiva entre modernização e crimes contra a propriedade. Segundo esses mesmos estudos, as taxas de desemprego não teriam qualquer relação com as taxas de crimes.

Eu evitaria qualquer comparação internacional de taxas de crimes que dependam de denúncia. As diferenças, entre os países, nas taxas dos crimes que não são levados ao conhecimento da polícia são muito grandes e, no caso de alguns crimes, talvez se correlacionem com a modernização. Stack e outros (1978) fizeram uma crítica cáustica a Krohn, com base na definição de desemprego: dos 38 países estudados por Krohn, somente oito utilizariam a mesma definição. Krohn se defendeu timidamente, aceitando a crítica, mas afirmando que, enquanto não se demonstrar que o uso de diferentes definições de desemprego afeta as taxas de crime, o resultado permanece válido.

Internacionalmente, há diferenças entre as taxas de homicídio nos países industrializados, comparativamente muito baixas,[16] e nos países subdesenvolvidos. Contudo, essa relação é menos clara do que parece aos leigos. Courthéoux (1978), usando uma simples classificação tripartite — países com taxas de homicídio altas (taxa > 3,0 por 100 mil habitantes), médias (3,0 > 1,0) e baixas (1,0) —, nota que a única relação é que, no nível mais baixo, não há países subdesenvolvidos. Porém, os dados se referem ao início da década de 1970, antes do crescimento das taxas em vários países. Hoje, taxas de 3,0 são consideradas moderadas, mesmo para países industrializados.

Além disso, em estudos mais recentes e mais complexos, raramente os indicadores de desenvolvimento econômico sobrevivem a análises multivariatas. Finalmente, as comparações internacionais ficam muito viciadas pelas grandes disparidades na cobertura e na qualidade dos dados. Não obstante, outro estudo de Courthéoux, usando dados franceses para o período 1826-1929, coletados por Chesnais (1976), e para o período 1930-1936, levaram esse autor a afirmar que os dados infirmam a tese,

---

[16] Os Estados Unidos são uma exceção, com uma taxa *muito* maior do que seria de esperar com base em seu nível de desenvolvimento econômico.

que chamo de saudosista, de que a industrialização provocou um aumento na violência, em geral, e nos homicídios, em particular, pois não é possível estabelecer uma relação clara entre os dois tipos de fenômeno. Os dados franceses mostram uma forte diferença entre os sexos e um efeito do fim da II Guerra Mundial e da guerra da Argélia.[17]

Os primeiros estudos empíricos deram a saída para a evolução das pesquisas sobre as covariatas estruturais do crime, em geral, e do homicídio, em particular. Essa evolução se deu aos tropeços; não foi planejada. Os estudos pioneiros não poderiam incorporar um conhecimento que lhes foi posterior. Reconhecendo o seu mérito, deixaram um amplo espaço para melhoria. Inicialmente, necessitava-se de maior precisão conceitual: os conceitos de desenvolvimento, crescimento, modernização e outros semelhantes eram usados de maneira frouxa. Alguns indicadores eram usados em um estudo para medir um conceito, e um segundo conceito, em outro estudo. Muitos dos dados referentes às variáveis independentes marchavam paralelos uns aos outros. Ortega e outros (1992) afirmam que as pesquisas que não confirmaram o que chamam de hipótese dürkheimiana entre modernização econômica e taxas de crimes têm problemas conceituais e operacionais de origem: tratam do nível de desenvolvimento econômico, e não do crescimento econômico, além de não controlarem os efeitos da mudança na composição etária da população.

- Primeiro, várias covariatas demográficas de alto poder explicativo foram introduzidas na criminologia. Nos Estados Unidos, estudos que deixassem de fora a idade, o gênero e a raça, tanto da vítima quanto do homicida, teriam necessariamente um teto baixo na variância que poderiam explicar.
- Segundo, essas novas variáveis colocaram a pergunta sobre se as covariatas macroestruturais (desenvolvimento etc.) teriam efeito semelhante nesses subgrupos. O efeito do desemprego sobre o homicídio é igual ou semelhante em populações negras e brancas? Em homens e mulheres?

---

[17] Os problemas das fontes estatísticas também são sérios na França. As estatísticas judiciais e as de saúde produzem dados muito diferentes. Corthéoux usa uma taxa de correção de 1,48 nos dados judiciais (acusados de homicídio) para cada homicídio obtido nas estatísticas de saúde.

E assim por diante. Isso levou os pesquisadores, mais recentemente, a recalcular a relação entre covariatas macroestruturais e homicídio *por* grupo demográfico com risco diferenciado.

- Terceiro, as próprias covariatas macroestruturais foram mais dissecadas. Desde a década de 1960, venho defendendo a necessidade de separar, conceitual e empiricamente, desenvolvimento econômico e desenvolvimento social.[18] A ênfase passou do desenvolvimento econômico para indicadores específicos de desenvolvimento social, como desemprego, mortalidade infantil, desigualdade etc.

- Quarto, alguns estudos começaram a enfocar as populações-alvo com mais alto risco de vitimização ou de se transformarem em agentes da violência. Esses estudos intensificaram a ênfase na pobreza, na *concentração da pobreza* e em conceitos relacionados.

Em 1985, Conklin e Simpson publicaram um artigo estatisticamente bem mais sofisticado: considerando a possibilidade de algumas das relações serem curvilineares, introduziram variáveis demográficas. A contribuição da urbanização nesse estudo foi *negativa,* ou seja, maior urbanização, menor taxa de homicídio.

Indicadores do nível de desenvolvimento econômico, como PNB *per capita,* consumo de energia *per capita,* e um índice de desenvolvimento foram usados com resultados precários. Dos oito estudos que utilizaram um desses indicadores, somente um, que usou o PNB *per capita,* produziu resultados significativos.

As análises *internas* — dentro de um mesmo país — trouxeram sua contribuição. Os Estados Unidos, por sua combinação especial de taxas de violência — muito altas pelos padrões dos países industrializados —, pelos recursos colocados nas universidades — muito maiores do que em outros países industrializados —, e por sua tradição empírica e quantitativa nas ciências sociais, são responsáveis por uma percentagem muito alta das pesquisas empíricas em criminologia, mas as análises internas de outros países são muito importantes estrategicamente. Cinqüenta pesquisas podem de-

---

[18] Soares, 1965a:47-60, 1965b, e 1974: 223-244.

monstrar uma relação dentro dos Estados Unidos sem que se saiba se essa relação se mantém em outros países, com outros parâmetros sistêmicos; enquanto pesquisas em quatro ou cinco *outros* países podem responder a essa pergunta. Por isso, além de relatar os resultados de várias pesquisas realizadas nos Estados Unidos, farei um especial esforço para integrar os resultados de pesquisas feitas em outros países.

As comparações entre pesquisas realizadas em países diferentes sublinham o *caráter contextual* das relações entre macrocovariatas econômicas e homicídios. As macrocovariatas estruturais não têm muito impacto sobre as taxas de homicídio na Índia: as medidas de pobreza e de urbanização não se correlacionam e a alfabetização tem um impacto modesto, reduzindo o homicídio. Um dado importante para entender a falta de associação entre pobreza e crime na Índia é a ação da polícia e da justiça, que, na Índia, têm profundo viés de classes e de castas. Segundo Dreze e Khera (2000:335), os ricos conseguem escapar com penas brandas ou sem penas, ao passo que os pobres "vivem aterrorizados pela polícia e pela justiça". Evidentemente, a ação socialmente carregada da polícia e da justiça diminui o custo das ações criminais para os ricos e o aumenta para os pobres. Com freqüência, na análise das relações entre pobreza e crime, em geral, e homicídio, em particular, esquecemos que a polícia e a justiça são os instrumentos da pena e que nenhuma das duas é altamente eficiente ou indiferente à hierarquia social. Assim, pesquisas baseadas em inquéritos policiais, em processos judiciais e em condenações podem estar carregadas dos mesmos vieses sociais dessas instituições.

Outros estudos efetuados na Índia demonstram a inexistência de relação entre as variáveis estruturais e as taxas de homicídio. Bhatnagar (1990), usando os estados como unidades de observação, correlacionou vários indicadores socioeconômicos e o homicídio, mas só encontrou relações modestas (negativas e estatisticamente não-significativas) entre as taxas de alfabetização e de homicídios.

No Brasil, recursos gráficos baseados em séries temporais mostram que a relação entre a renda *média* e as taxas de homicídio não é simples. As taxas de homicídio avançam quase linearmente, ao passo que o comportamento da renda *média* (a preços de 2001) é mais variado.

Gráfico 14

Taxas de homicídio e de renda média: Brasil, 1981-2002

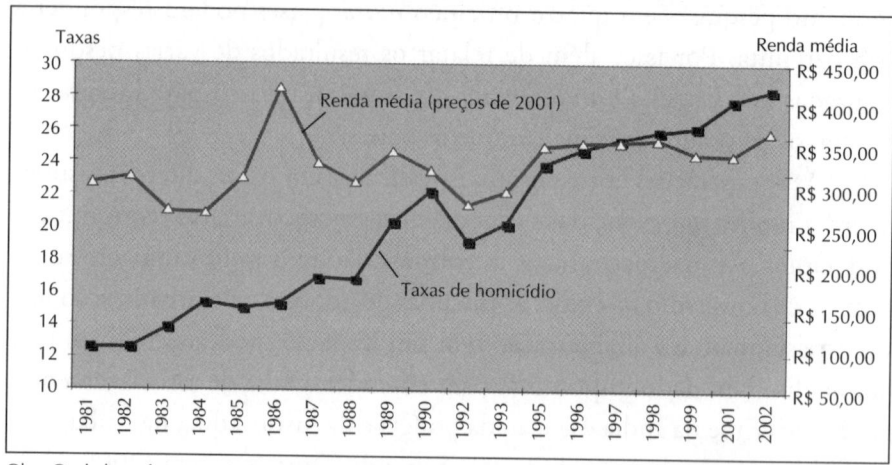

Obs.: Os dados referentes a 1991 não foram incluídos por apresentarem erros.

Não há uma relação forte e clara entre a renda média e as taxas de homicídio no Brasil entre 1979 e 2002. A relação encontrada é baixa e *positiva*, o que contraria muitas expectativas teóricas. Dois estudiosos da República Dominicana — Edylberto Cabral Ramírez e Mayra Brea de Cabral — chegaram à mesma conclusão: "...*la tasa de homicidio crece independientemente del crecimiento del PIB/Cápita*".

As relações encontradas no tempo nem sempre se reproduzem no espaço. No caso da renda, dados espaciais brasileiros, tomando as unidades da federação como observações,[19] mostram correlações *positivas* entre a renda nominal média dos chefes de família e as taxas de homicídio, tanto gerais, quanto por armas de fogo (0,48 e 0,49, respectivamente).[20]

No *interior* das áreas metropolitanas as covariatas estruturais parecem ter uma relação mais íntima com as taxas de homicídio. Vilma Pinheiro Gawryszewski e Luciana Scarlazzari Costa (2005) dividiram o município de São Paulo nos seus 96 distritos administrativos e concluíram que "o coeficiente de correlação de Pearson entre as taxas de homicídios e de renda média mostrou correlação negativa com valor de $r = -0,65$ (e $r = -0,70$ para o logaritmo da renda)".

---

[19] As taxas de subenumeração variam muito entre os estados, como demonstraram Cano e Santos, 2001.
[20] Peres, 2004.

Um dos estudos mais interessantes — e ambiciosos — da relação industrialização-crime é, de fato, um estudo dos efeitos da *desindustrialização*. Foi levado a cabo por dois pesquisadores de tradição empírica e marxista, James Petras e Christian Davenport (1991), que estudaram Nova York, Detroit, Newark, Boston e Filadélfia durante um período de 28 anos. Petras e Davenport concluíram que há uma relação entre o declínio do emprego industrial e as taxas de crime e que a intensidade dessa relação varia. A variação, por sua vez, depende de o declínio industrial ser contínuo ou oscilante. Os autores definiram variáveis vinculadas à comunidade e à família (como a percentagem de domicílios com apenas um dos pais, ou o nível de pobreza local) como variáveis intervenientes, mas sem poder explicativo próprio.

Desenvolvimento social e homicídio

O conceito de desenvolvimento social, como diferente do desenvolvimento econômico, tem duas vertentes fundamentais. A primeira deriva da ênfase em níveis mínimos, necessidades básicas e conceitos relacionados. Está associada com a noção humanitária — incorporada à sociologia sobretudo na América Latina — de que deve ser uma prioridade mundial não deixar ninguém abaixo de certo nível de qualidade de vida. Esse conceito se integra a outro, importante na ciência política, que é o da cidadania, na versão ampliada que lhe emprestou Marshall, que inclui direitos sociais. Indicadores desse conceito tratariam da percentagem da população situada acima desses níveis mínimos ou, negativamente, abaixo desses níveis. A taxa de mortalidade infantil talvez seja o indicador negativo mais básico desse conceito. Outro, estatisticamente disponível, seria a taxa de analfabetos na população maior de certa idade. Há muitos indicadores de "desenvolvimento" econômico e educacional, ao passo que o conceito de desenvolvimento social usa modas e medianas, além de quartis e decis mais baixos.

A segunda vertente é distributiva. Tem também origem valorativa, no sentido de que ideologias ou quase-ideologias sociais consideram que a concentração de benefícios numa sociedade acima de certo nível é ética e moralmente inaceitável. Talvez a mais fácil de medir seja a concentração de renda, através de seus vários coeficientes (Gini, Theil, Theil quadrático etc.), porém, conceitualmente, ela se aplica a todos os benefícios sociais.

Esses conceitos, como tantos outros que inicialmente eram valorativos, com raízes na filosofia social e na filosofia política, foram incluídos como objetos a pesquisar nas ciências humanas, particularmente na sociologia e na ciência política, mas também na economia. Do ponto de vista da criminologia, interessa a relação com o crime; no caso deste livro, saber se têm valor preditivo em relação ao *homicídio*.

Conklin e Simpson (1985) sugerem que, entre países, a mortalidade infantil, que consideram um excelente indicador de desigualdade social, é também um excelente preditor das taxas de homicídio, de acordo com nossa preocupação de sintonizar os dados com a população-alvo. Numa análise multivariada explicaram 52% da variância ajustada entre as taxas de homicídio de 52 países. O direito ao trabalho também passou a integrar o conceito de desenvolvimento social, embora seu indicador empírico, a taxa de desemprego, seja de limitada utilidade, dada a variedade de definições operacionais usadas internacionalmente.

Uma revisão dos estudos empíricos, de Cutright e Briggs (1995), mostrou a utilidade do conceito de desenvolvimento social, independentemente do de desenvolvimento econômico, nas comparações internacionais das taxas de homicídio.

Devine, Shelley e Dwayne Smith (1988) analisaram as taxas de homicídio, assalto e furto/roubo a residências e estabelecimentos comerciais a partir de modelagem de cunho econômico, tomando a taxa de desemprego e a taxa de inflação como indicadores. Usaram dados de 1948 a 1985 e análises de tendências temporais, controlando a estrutura de idades e as oportunidades de cometer crimes. Os resultados indicaram que o modelo é de baixa utilidade na explicação de crimes mais violentos, que aumenta no caso de crimes menos violentos. Como os crimes mais violentos são pessoais e os menos violentos são econômicos, seus resultados servem de apoio a minha hipótese de que as covariatas de tipo estrutural, que se referem usualmente ao desenvolvimento econômico, são mais úteis para explicar crimes econômicos do que crimes pessoais.

No Brasil, como na maioria dos países, o analfabetismo vem sendo reduzido. A redução nas taxas de analfabetismo no Brasil e o incremento das taxas de homicídio, que são do conhecimento geral, permitem que se trace um gráfico mental com duas linhas que mudam em direções opostas.

Não obstante, colocar o gráfico no papel permite visualizar a clara relação *negativa* entre as duas tendências (gráfico 15).

Gráfico 15
Taxas de homicídio e de analfabetismo: Brasil, 1980-2000

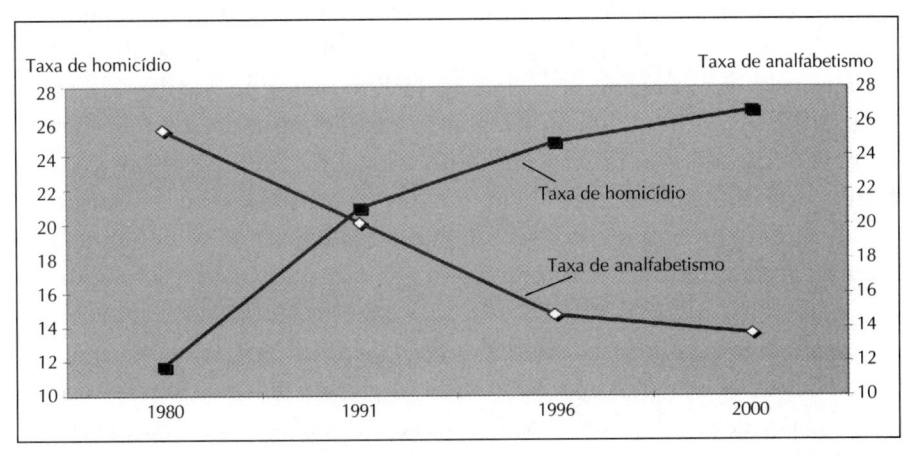

Essa relação negativa é encontrada em outros níveis de agregação. Um estudo estatisticamente sofisticado, com base nos municípios pernambucanos, usou regressões condicionais auto-regressivas, concluindo que a pobreza e o analfabetismo se relacionavam *negativamente* com as taxas de homicídio: quanto mais pobreza e analfabetismo, *menores* as taxas de homicídio.[21]

O desemprego é uma das variáveis que chamam a atenção dos economistas, mas que também adquiriram visibilidade entre sociólogos e criminólogos. Em alguns contextos, dados relativos ao desemprego têm forte influência sobre as taxas de homicídio. Segundo Preti e Miotto (1999:770), as taxas de desemprego explicam 54% da variância entre as 20 regiões administrativas italianas. Outras pesquisas lhes dão suporte. Almgren e outros (1998), analisando dados de 75 áreas de Chicago referentes a 1970 e 1990, concluíram que o desemprego é um forte preditor do homicídio (e dos acidentes fatais também), juntamente com a dissolução da família.

---

[21] Lima et al., 2005:176-182.

Além disso, essas associações ficaram mais estreitas em 1990 do que eram em 1970. Isso demonstra, em um país e um contexto claramente diferentes, que a relação deve ser levada a sério; demonstra também que a intensidade dessa associação varia no tempo e no espaço.

Há, porém, um número grande de estudos que põem em dúvida a factibilidade empírica dessa relação. As relações entre o desemprego e as taxas de homicídio, de 1915 a 1987, na Austrália foram pesquisadas por Kapuscinski, Braithwaite e Chapman (1998). Usando análises de séries temporais, os autores não confirmaram a relação entre os dois fenômenos. Contudo, quando o emprego feminino entrou na equação, apareceu uma forte correlação com as taxas de homicídio, estatisticamente significativas. Os autores sugerem que o crime, numa sociedade patriarcal, aumenta com o emprego feminino. E resumiram assim as contradições dessa relação.

> não houve, na Austrália, estudos de desemprego e crime de adultos, seja individuais, seja espaciais, que não tenham encontrado uma relação positiva, e nenhum estudo temporal que tenha apoiado [a hipótese] de uma relação positiva.

Um estudo econométrico interessante realizado no Chile, um país peculiar por ser latino-americano e ter uma taxa *baixa* de homicídios, chegou à conclusão de que há um efeito pequeno do desemprego, ainda que estatisticamente significativo. Além dele, a taxa de masculinidade *e* a região da capital influenciavam a taxa de homicídios, confirmando várias pesquisas estaduais feitas no Brasil. Uma das medidas de desigualdade — a razão entre os quartis — também tinha uma associação estatisticamente significativa com a taxa de homicídios.[22]

Porém, a relação entre desemprego e homicídio foi construída como uma extensão de uma teoria econômica *do crime*. Os crimes contra a propriedade são muito mais numerosos do que os homicídios, o que significa que, nos índices não-ponderados de crimes, o peso dos homicídios é pequeno. Nas teorias econômicas do crime, a relação entre variáveis econômicas e o homicídio são secundárias: o foco está nos crimes contra a propriedade.

Os estudos internacionais sugerem uma relação positiva entre desemprego e crime, mas há seriíssimos problemas nas definições de desemprego, que não concordam umas com as outras. Além disso, raramente o

---

[22] Ver Nunes, Rivera e Villavivencio, 2003:55-85.

homicídio é um crime de natureza econômica. O desemprego gera crimes que visam obter bens e dinheiro. O grande problema teórico criado por essa relação é deslindar a lógica de quem mata. Homicídios na execução de um furto ou roubo e latrocínios têm uma lógica direta e fácil de compreender: o crescimento do desemprego aumentaria o número e a percentagem de pessoas com necessidades não-satisfeitas. A vingança poderia explicar o homicídio de pessoas julgadas responsáveis pelo desemprego, que explicaria o comportamento de alguns *rampage killers*, mas a associação entre as taxas freqüentemente quer dizer que o desemprego de uns provoca, indiretamente, o homicídio que outros comentam. Para trabalhar teoricamente com essa relação são necessários outros conceitos, mais abstratos, como o de mal-estar social e o de conflito social generalizado. No nível individual, psicológico, passa a ser necessário o deslocamento da agressão.

Masahiro Tsushima (1996) analisou dados relativos ao Japão. A importância de seu estudo deriva do contexto: o Japão ainda é culturalmente diferente e suas taxas de homicídio são muito baixas. Tsushima usou como variáveis independentes a pobreza, a desigualdade econômica e o desemprego, e como dependentes as taxas de homicídios, de assaltos e de crimes contra a propriedade. As unidades de análise foram as 47 prefeituras japonesas (espacialmente mais próximas dos municípios do Brasil). Os resultados mostram que, no Japão, o desemprego é um importante preditor das taxas de homicídio. No nível bivariato, a pobreza também se relaciona com a taxa de homicídio; porém, quando se controlam o desemprego, a percentagem de homens jovens e adultos na população e o nível de industrialização, a relação com a pobreza desaparece. O Japão é um caso desviado em outro sentido: suas taxas de criminalidade *baixaram* depois da II Guerra Mundial, a despeito da intensa industrialização e do acelerado crescimento econômico. O autor sublinha que a hipótese de Dürkheim não é válida no país.

A experiência brasileira impõe limites adicionais ao uso do desemprego como preditor do crime e do homicídio. Mônica Viegas Andrade e Marcos de Barros Lisboa, no interessante manuscrito "Desesperança de vida: homicídio em Minas Gerais, Rio de Janeiro e São Paulo: 1981 a 1997", afirmam, já no sumário, que:

> Surpreendentemente, uma queda do desemprego parece aumentar a taxa de homicídio. A maior parte dos coeficientes, porém, converge para zero com o aumento da idade.

Essa experiência confirma o encontrado no nível bivariato na história do Brasil: desde que passamos a ter dados sobre a taxa de homicídios, houve uma melhoria considerável nos indicadores de desenvolvimento econômico e de desenvolvimento social. A renda média cresceu, ocorreu um aumento significativo na esperança de vida ao nascer e uma redução também significativa no seu principal componente negativo — a taxa de mortalidade infantil —, um aumento considerável na escolarização e na alfabetização da população *e um crescimento nas taxas de homicídio.*

Um dos primeiros estudos quantitativos a verificar o impacto da desigualdade sobre as taxas de homicídio foi o dos Braithwaite (1980), que trabalharam com 31 países, usando a desigualdade intersetorial, que, mesmo controlando outras variáveis, reteve um forte impacto sobre as taxas de homicídio. Os autores, judiciosamente, reconhecem que os dados internacionais sobre homicídios que usaram têm muitas limitações, a despeito de serem os melhores disponíveis. Reconhecem também que a desigualdade intersetorial, embora seja um dado fácil de obter, é inadequado, porque ignora a desigualdade dentro de setores e entre subsetores industriais. Ignora as fortes desigualdades dentro de cada indústria e de cada setor.

Nos estudos sobre o homicídio que comparam países, a distribuição de renda tem sido uma das variáveis com valor preditivo, a ponto de Krahn e outros (1986) afirmarem que há consenso quanto ao fato de a incidência de homicídios ser mais alta nos países economicamente mais desiguais.

Os estudos que relacionam a desigualdade na distribuição da renda e o homicídio foram apoiados pela pesquisa mais recente de Lee e Bankston (1999). Eles analisaram dados da OMS para 50 países, referentes a datas próximas de 1990. Os autores aventaram a hipótese de que países com distribuição de autoridade concentrada no Estado teriam taxas mais baixas de homicídios. Os dados não apoiaram a hipótese, mas os autores encontraram uma forte relação entre desigualdade econômica e taxas de homicídio, sugerindo que esse efeito pode ser mais acentuado nos países mais democráticos.

Os estudos internacionais sobre o homicídio foram revistos por Cutright e Briggs (1995). O número de países estudados variou de 18 a 59 e o R^2, de 0,08 a 0,76. Uma disparidade gigantesca. A desigualdade na distribuição da renda foi usada como variável independente em 11 dos estudos revistos por Cutright e Briggs. Em oito ela produziu efeitos estatisticamente signicativos — quanto mais desigualdade, mais alta a taxa de homicídios. A mortalidade infantil foi usada em um, os gastos com previdência social e a discriminação econômica em dois, todos com resultados significativos. Os indicadores do nível de desenvolvimento econômico, o PNB *per capita*, o consumo de energia *per capita* e um índice de desenvolvimento foram usados, com resultados precários. Dos oito estudos que usaram um desses indicadores, somente um, o que utilizou o PNB *per capita*, produziu resultados significativos. As variáveis demográficas produziram resultados menos consistentes: a percentagem urbana foi significativa em três de sete estudos; o crescimento da população em dois de três; a densidade demográfica foi usada em cinco estudos, todos com resultados negativos. Já as variáveis relacionadas com heterogeneidade *versus* integração da população produziram sete associações significativas com as taxas de homicídio.

Mas os parâmetros sistêmicos não mudam apenas de país para país; alguns variam no tempo e no espaço em um mesmo país. Isso faz com que a relação entre covariatas estruturais, como pobreza e desigualdade, e as taxas de homicídio não seja invariante no tempo e no espaço: ela muda *no mesmo país*. Um estudo de Kovandzic, Vieraitis e Yeisley (1998) analisou dados relativos a 190 cidades norte-americanas com população de 100 mil habitantes ou mais em 1990. Os autores usaram três medidas de desigualdade e três taxas de homicídio. Os resultados demonstraram que tanto a pobreza quanto a desigualdade na distribuição de renda afetavam as taxas de homicídio.

Assim, a *desigualdade na distribuição de renda* vem se firmando como um preditor estrutural da taxa de homicídios. Porém, na Colômbia, a relação histórica aponta na direção oposta: a diminuição da desigualdade, considerável a partir de 1964, foi seguida por uma falta de relação com a taxa de homicídios até 1970 e por uma tendência imprevista a partir de 1970: a Colômbia *diminuiu* consideravelmente a desigualdade nos 24 anos seguintes, mas a taxa de homicídios cresceu aceleradamente. A causa desse crescimento reside em outras variáveis.

No Brasil, a distribuição de renda foi uma quase-constante: em mais de três décadas mudou pouquíssimo, não contribuindo para explicar o crescimento da taxa de homicídios. Contudo, *dentro de países*, a relação entre desigualdade e homicídio tem sido inconsistente nos estudos que usaram estados, cidades e áreas metropolitanas como unidades de análise. No Brasil, a desigualdade na distribuição de renda é uma sobrevivente de vários dos estudos espaciais que usaram algum tipo de seleção estatística. Não obstante, seu impacto não é tão forte nem tão consistente quanto seria de desejar para centrar nela uma teoria do crime e do homicídio.

A análise das correlações produto-momento, bivariatas, entre o logaritmo natural da taxa média de risco de homicídios entre 1991 e 1994, em Minas Gerais, usando os 723 municípios mineiros como unidades de observação, mostra que uma constelação de indicadores de subdesenvolvimento econômico e social está significativamente associada ao homicídio. Como muitos desses indicadores formam *clusters*, o uso de vários deles em esquemas multivariatos gera problemas de tolerância, embora haja ganhos explicativos ao se passar de um modelo bivariato para um multivariato.

Uma análise *stepwise*, ponderada pela população com 15 anos ou mais, e baseada em duas variáveis estruturais, a esperança de vida ao nascer em 1991 e o logaritmo natural da percentagem de analfabetos na população de 15 anos ou mais em 1991, *chegou a um R^2 ajustado de 0,15, modesto, mas significativo a 0,000*; agregando a coorte jovem, chegou-se a 0,18. A entrada de todas as três variáveis implicou uma mudança no valor de F significativa no nível de 0,000.

Tabela 4
Correlação entre indicadores positivos e negativos de desenvolvimento econômico e social, coorte jovem e ln da taxa média de risco por homicídio: 723 municípios de Minas Gerais, 1991-1994

Indicadores	Correlação produto/ momento	Sig (1 *tail*)
Hiato de renda média em 1991	0,29	0,000
Proporção de pobres em 1991	0,27	0,000
Desigualdade em 1991, Índice de Theil-L	– 0,03	0,000
Expectativa de vida ao nascer em 1991	– 0,35	0,000
Nível médio de educação em 1991	– 0,29	0,000
Número médio de anos de estudo da população com 25 anos ou mais	– 0,25	0,000
Ln da percentagem da população analfabeta de 15 anos ou mais	0,31	0,000
Coorte jovem	0,05	0,233

Notas: Dados sobre homicídios retirados de Fundação João Pinheiro, Universidade Federal de Minas Gerais e Polícia Militar de Minas Gerais, *Criminalidade violenta em Minas Gerais, 1986-1997*; dados socioeconômicos retirados de Fundação João Pinheiro/Ipea, *Condições de vida nos municípios de Minas Gerais, 1970-1980-1991*. Obs.: O autor agradece a Cláudio Beato e a Luiz Aureliano Gama de Andrade, que gentilmente se esforçaram para obter essas informações e esses dados.

O homicídio se correlaciona com a esperança de vida ao nascer, outro indicador associado com o desenvolvimento social — claro que descontando a contribuição dos próprios homicídios sobre ela. Wilson e Daly (1997:1271), analisando 77 *neighborhoods* em Chicago de 1988 a 1993, chegaram à correlação de 0,88 entre as duas.[23] Isso significa que, em algumas circunstâncias, o homicídio pode ser visto como parte de uma síndrome maior, de subdesenvolvimento social. Na análise da variação das taxas de homicídio entre os bairros de Chicago, na qual foram usadas regressões por etapas, a esperança de vida dos homens (mas não a das mulheres) foi a variável mais intimamente associada com as taxas de homicídio, seguida pelo Índice de Robin Hood, um constructo que reúne alguns indicadores, inclusive os de desigualdade. A tabela 5 demonstra isso.

Tabela 5
Desenvolvimento social e taxas de homicídio: 77 áreas de Chicago, 1988-1993

	ß	T	Valor de P
Variáveis na equação final			
Esperança de vida (homens)	– 0,74	– 9,25	<0,0001
Índice de Robin Hood	0,19	2,34	0,02
Variáveis excluídas da equação final			
Esperança de vida (mulheres)	– 0,19	– 1,43	0,16
Renda média da residência	0,12	1,11	0,27

Fonte: Extraída de Wilson e Daly, 1997 (tabela 2).

Alguns crimes e o próprio homicídio são atividades de alto risco. Exemplo claro é a baixa esperança de vida dos traficantes no Brasil. Do ponto de vista de muitos analistas, algumas formas de crime respondem a "decisões irracionais". Como explicá-las? Wilson e Daly trabalham com o conceito de *steep future discounting* — acreditam que populações pobres se preocupam menos com o preço a ser pago por suas ações. Onde outras causas de mortalidade são mais altas — e a esperança de vida mais baixa — há mais riscos. Alguns desses riscos incluem situações perigosas e violentas, que podem levar a homicídios. Esse estudo mostra que a vitimização de

---

[23] As *neighborhoods* são menores do que os bairros das grandes cidades brasileiras.

homens está mais associada às condições sociais do que a de mulheres. Acredito que esse conceito possa ajudar a explicar o comportamento de alto risco de muitos traficantes.

Comparem-se esses estudos com o de Imai e Krishna (2004), que trabalham com o crime, e não com homicídios. Eles tentaram levar adiante o que chamaram de "efeito dinâmico da persuasão". Segundo essa perspectiva, há uma antecipação do efeito que a prisão terá sobre oportunidades futuras de emprego, o que seria consistente com o fato de existir uma queda nas prisões após a maioridade, quando as penas são mais duras e as fichas policiais são públicas. Sem negar a teoria tradicional, que afirma que a renda e o desemprego afetam a criminalidade — quanto maior a renda e menor o desemprego, menor a criminalidade —, esses autores propõem que muitos criminosos potenciais diminuem ou interrompem suas atividades criminais porque se dão conta de que a prisão trará, como conseqüência, dificuldades para a empregabilidade e, portanto, redução de renda.

Em certo sentido, Wilson e Daly se aproximam dessa perspectiva quando afirmam que, se numa localidade muitas pessoas reagem ao meio social e econômico aceitando riscos e violência maiores, haverá conseqüências comportamentais que provavelmente contribuirão para piorar os problemas que originaram esses comportamentos. É um círculo extremamente vicioso, no qual a desigualdade provoca a violência e o crime, que, por sua vez, aumentam o medo, a falta de confiança, retaliações também violentas, que contribuem para piorar a situação econômica e social.

A aplicação das teorias do capital social ao homicídio foi feita por diversos autores. Kennedy e co-autores integraram essas teorias *no bojo das teorias baseadas na desigualdade*. Seguindo Clifford R. Shaw e Henry D. McKay (1942), lançaram a hipótese de que a desigualdade, ao concentrar a pobreza, provoca a desorganização social e a anomia. Usando dados de diferentes tipos e os estados como unidades de observação, concentraram seu interesse nos crimes violentos com arma de fogo, incluindo o homicídio.

O *General social survey*, com amostras estaduais, foi usado para avaliar a filiação a organizações voluntárias e o grau de confiança nos demais. Foram empregadas como variáveis dependentes as taxas estaduais de homicídios com armas de fogo, ajustadas pela idade, e também as de agressão e assalto, ambas a mão armada. Usaram ainda, como vários pesquisadores antes deles, a percentagem dos suicídios com armas de fogo como indicador da disponibilidade de armas de fogo, uma variável considerada fundamental na análise da violência intencional letal.

Baseando-se na desigualdade da distribuição da renda, os autores construíram o Índice de Robin Hood, que se relacionava com a taxa de homicídios ajustada por idade ($R^2 = 0,54$) e com a taxa de homicídios com armas de fogo ($R^2 = 0,56$). A transferência de 1% da parcela dos mais ricos para os mais pobres resultaria numa diminuição na taxa de homicídios com armas de fogo de 1,55 por 100 mil. É importante notar que essa associação é mais forte para a população branca ($R^2 = 0,55$) do que para a negra ($R^2 = 0,20$), embora ambas sejam estatisticamente significativas em níveis exigentes ($p < 0,0006$ para os negros).[24] A relação entre o Índice de Robin Hood e a taxa de homicídios com armas de fogo persiste depois de controlada a pobreza e a disponibilidade de armas de fogo.

No Brasil, um indicador tradicional de desenvolvimento social — a escolaridade — tinha uma correlação espacial *positiva* com a taxa de homicídios (0,45) em 2000 e com as taxas de homicídio com armas de fogo (0,39).[25] Evidentemente, trata-se de correlação na direção *oposta* à esperada.

Sabe-se que é alta a correlação entre a incidência e as taxas de homicídio ano a ano; porém, devido ao pequeno número de homicídios em muitos municípios, o efeito de flutuações aleatórias anuais pode ser sensível. Para diminuí-lo, computei a média de vários anos, prática seguida por vários outros investigadores.[26] Os problemas da heteroscedasticidade das taxas de homicídio foram enfrentados com a transformação dos valores em seus logaritmos naturais. Os problemas com dados censurados à esquerda, com valor zero, foram enfrentados de duas maneiras: retirando as observações censuradas (taxa média de homicídios zero) e usando modelos Tobit nas regressões. As três análises produziram resultados semelhantes. De acordo com a teoria simples, que relaciona o nível absoluto de subdesenvolvimento econômico e social com as taxas de homicídio, as taxas de crimes, em geral, e de homicídio, em particular, deveriam ter despencado nas últimas décadas, mas isso não aconteceu.

Esses resultados geraram mais alguns factóides em busca de uma teoria: entre países, os indicadores de subdesenvolvimento econômico apresentam correlação positiva com as taxas de crimes e de homicídios, mas poucos resistem ao controle pelo nível de desigualdade. Mas, no Brasil, as cidades que apresentam as mais altas taxas de homicídio não são as mais

---

[24] Esse é um importante efeito contextual, dada a significação da raça na sociedade norte-americana.
[25] Peres, 2004:149.
[26] Kick e LaFree, 1985; Krahn et al., 1986; Messner, 1989; e Soares, 1998.

pobres. Isso difere *no interior* de áreas metropolitanas: Leandro Piquet Carneiro demonstrou que, nas áreas metropolitanas de São Paulo e do Rio de Janeiro, os bairros mais pobres são os que apresentam as mais altas taxas de homicídio, e os mais "nobres" são os que apresentam as mais baixas; numa cidade-estado, como Brasília (Distrito Federal), os dados acima demonstram que são altas as correlações entre subdesenvolvimento econômico e social e taxas de homicídio. Na mesma pesquisa, os coeficientes de Gini apresentam correlações baixas e inconsistentes com as taxas de homicídio.

Ignacio Cano (1997) construiu dois índices somatórios, um de desenvolvimento urbano e outro de *status* socioeconômico dos chefes de família, correlacionando as taxas de homicídio por 100 mil habitantes e as taxas específicas para a faixa de 15-34 anos.

A tabela 8 do estudo de Cano mostra que os bairros mais desenvolvidos e com composição socioeconômica mais alta eram os que apresentavam taxas de homicídio mais baixas. Tomando os 146 bairros estudados, a correlação com a taxa de homicídios (na faixa dos 15-34 anos) correlacionava-se 0,46 com a composição socioeconômica e –0,35 com o desenvolvimento urbano. Usando as 25 regiões administrativas, com os mesmos dados, observa-se o esperado efeito inflacionário dos coeficientes, derivados do maior nível de agregação. Os coeficientes são –0,63 e –0,40, respectivamente.[27] Cano agregou os bairros em sete grupos, de acordo com a composição socioeconômica, e em seis, de acordo com o desenvolvimento urbano; os *scatterplots* apresentados por Cano mostram que os dois níveis seguintes ao nível mais baixo são os que apresentam taxas mais altas de homicídio.

Um estudo espacial cuidadoso foi realizado por Macedo e outros (2001) em Salvador, Bahia. A cidade de Salvador merece especial atenção devido ao rápido aumento, mais recente, das mortes por causas externas. Os pesquisadores usaram as 75 zonas de informação (ZIs) e dados relativos aos anos de 1991 a 1994. Tiveram o cuidado de eliminar as zonas com populações inferiores a 5 mil habitantes "para evitar distorções das taxas". Agruparam as ZIs em estratos, de acordo com o capital econômico e o capital cultural.[28] Os agrupamentos demonstraram ter significativo poder

---

[27] Os *scatterplots* apresentados por Cano mostram que Guaratiba é um caso desviado (a região mais pobre e menos desenvolvida, mas com baixa taxa de homicídios), que deprime os coeficientes de correlação.

[28] Agrupar tem prós e contras. O principal "contra" é a perda de informações. Devido à associação às vezes frouxa entre esses dois tipos de capital, seria conveniente mantê-los sepa-

de discriminação, pois os estratos tiveram *mínimo* e *máximo* diferenciados, tanto em 1991 quanto em 1994. As taxas diminuíram entre 1991 e 1994 nos estratos mais baixos e aumentaram no mais alto.

Em outro estudo sobre Salvador, Freitas e outros (2000) estudaram a mortalidade por causas *externas* em 12 distritos sanitários em 1991 e 1994. Mostraram uma variação de quase 3:1 entre o distrito com taxa mais alta (Cabula) e o com taxa mais baixa (Boca do Rio) em 1991; em 1994, essa razão caiu para 2,6:1, mudando o distrito com taxa mais elevada (São Caetano). Não deixa de surpreender que as mortes por "intervenções legais" tenham superado os suicídios ou os "outros acidentes" em vários distritos, tanto em 1991 quanto em 1994.

A experiência de outros países latino-americanos contribui para enriquecer nosso conhecimento: examinando as áreas *dentro da mesma região metropolitana*, vê-se que San Salvador é, como a maioria das cidades latino-americanas, muito diferenciada, havendo variações de quase uma ordem de grandeza: Cuscatancingo apresentava uma taxa de 15,1, ao passo que San Salvador tinha uma taxa de 145,6.

Tabela 6
Taxas de homicídios por 100 mil habitantes: Área Metropolitana de San Salvador

Municipalidade	Taxas	San Salvador = 100
San Salvador	145,6	100,0
Llopango	79,3	54,5
San Marcos	58,2	40,0
Mejicanos	50,3	34,5
San Martin	43,3	29,3
Apopa	39,8	27,8
Soyapango	34,4	23,4
Ciudad Delgado	24,8	17,7
Ayutuxtepeque	22,1	15,6
Cuscatancingo	15,1	10,4

Notas: Desvio-padrão das taxas: 38,11; dados do Instituto de Medicina Legal.

---

rados. Caso fossem medidos separadamente e mantida a análise no nível das ZIs individualizadas, poderiam aferir o impacto de cada tipo de capital controlando o outro e em interação com o outro.

A distribuição espacial da violência homicida na Área Metropolitana de San Salvador corresponde à encontrada em grandes cidades brasileiras: nota-se uma grande diferença entre as taxas de suas subdivisões, bairros, municípios, regiões etc.

Devido ao seu tamanho, San Salvador responde por metade a dois terços dos homicídios nessa ampla área metropolitana. Não tive acesso a subdivisões menores de San Salvador, mas ficaria surpreendido se essa cidade deixasse de apresentar uma grande variância interna, como ocorreu com todas as regiões estudadas neste livro.

Evidentemente, no nível abstrato das variáveis, não existe, no momento, teoria que explique esses resultados contraditórios. Mas os factóides são claros. No Brasil, os resultados de pesquisas realizadas por outros pesquisadores se sustentam mutuamente:

- em várias áreas metropolitanas — Belo Horizonte, Brasília, Rio de Janeiro e São Paulo — as áreas (bairros, municípios, regiões administrativas, macrorregiões) mais pobres são as que apresentam taxas de homicídio mais altas;
- a intimidade dessa correlação é muito variável;
- em Minas Gerais, ela era baixa, ainda que estatisticamente significativa;
- no Distrito Federal, as correlações bivariatas explicam cerca de um terço da variância da taxa de homicídio entre as regiões administrativas;
- agrupei as regiões administrativas por nível socioeconômico e criei uma variável *dummy* que separava as que tinham limites com o entorno das que não tinham (limita/não limita). Com elas, expliquei 54% (ajustados) da variância do logaritmo da taxa média de homicídio entre 1995 e 1998.

São Paulo talvez seja o estado brasileiro sobre o qual haja mais estudos realizados por pesquisadores e instituições diferentes. Vários estudos demonstram, através de dados espaciais, que as taxas de homicídio acompanham os indicadores de pobreza e de exclusão. Barata, Ribeiro, Guedes e Moraes (1998) usaram dados referentes a cinco regiões da cidade de São Paulo. Dentro de cada região correlacionaram (Spearman) uma escala de nível socioeconômico com as taxas de homicídio referentes a 1995. As correlações obtidas foram muito altas: 0,98 para 24 distritos da Zona Central; 0,95 para os 10 distritos da Zona Oeste; 0,97 para os 18 distritos da Zona Norte; 0,99 para os 30 distritos da Zona Leste; e 0,97 para os 14 da Zona Sul.

Já a desigualdade aumentou no Brasil durante os primeiros anos do regime militar e teve poucas variações até recentemente.

Gráfico 16
Coeficientes de Gini: Brasil, 1960-2000

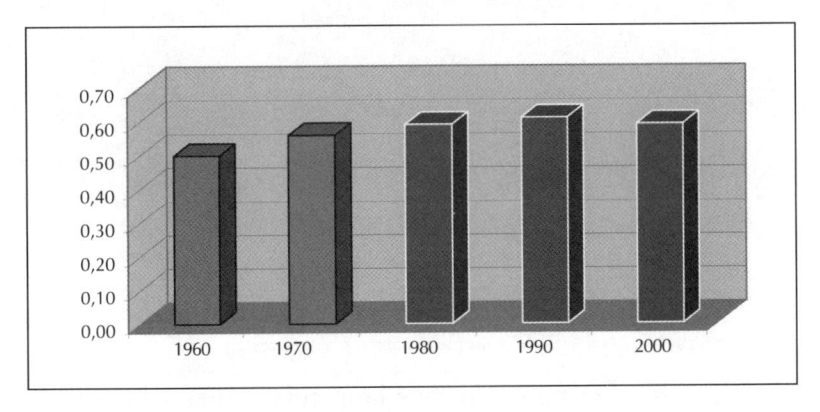

Os dados do SIM sobre homicídios começam em 1979 e mostram tendência ascendente desde então. Essa tendência tem um ajuste linear satisfatório, parecendo crescer a uma taxa quase-constante. Já a desigualdade, medida pelo coeficiente de Gini, praticamente não se alterou entre 1980 e 2000. Teve pequeno aumento entre 1980 e 1990 e pequeno decréscimo entre 1990 e 2000. Evidentemente, a estabilidade da desigualdade ao longo de três décadas e meia não pode explicar, por si só, o crescimento das taxas de homicídio.

Não se pode esperar encontrar uma relação entre desigualdade e homicídio no Brasil. E não encontrei, como ficou evidente quando coloquei as duas séries (Gini, taxas de homicídio) no mesmo gráfico, usando valores diferentes nos dois eixos para que os leitores pudessem visualizar essa relação.[29]

A ausência de relação é evidente, como seria de esperar quando se tem uma quase-constante tentando explicar uma tendência definida, seja crescente, seja decrescente, em outra variável.

---

[29] Se o gráfico não for apresentado em dois eixos, os coeficientes de Gini, computados em decimais, apareceriam como uma reta colada ao eixo horizontal.

Gráfico 17
Taxas de homicídio e Índice de Gini: Brasil, 1981-2002

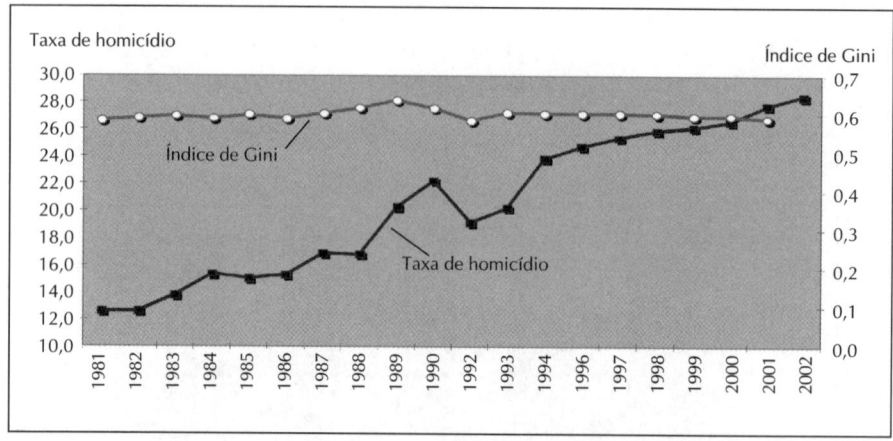

Obs: Os dados referentes a 1991 não foram incluídos por apresentarem erros.

As relações entre desigualdade e homicídios variam no tempo e no espaço, de acordo com o grau de agregação. Uma pesquisa recente, cuidadosa, utilizou como unidade de análise os municípios do estado de Pernambuco. Usando os coeficientes de homicídio de 1995-1998, o coeficiente de Theil apresentou uma correlação insignificante (0,09) com os homicídios; já o coeficiente de Gini apresentou uma correlação pequena (0,18), mas significativa no nível de 0,05. Mas esse estudo, de Lima e outros (2005) sobre Pernambuco de 1980 a 1990, também mostra que houve

> melhoria dos indicadores em todas as regiões de desenvolvimento (RD), como o indicador de condições de vida (ICV) e outros indicadores socioeconômicos, a saber: taxa de analfabetismo da população de 15 anos e mais, número médio de anos de estudo da população de 25 anos e mais, densidade superior a duas pessoas por domicílio, abastecimento de água e instalações adequadas de esgoto (...) houve aumento crescente das taxas de homicídios no estado, diferenciado por áreas geográficas, apontando, inclusive, para a interiorização da violência.

Não obstante, as taxas de homicídio aumentaram no estado no mesmo período, o que sugere relações *negativas* entre desenvolvimento econômico e social e taxas de homicídio, semelhantes às encontradas no nível nacional. Esses resultados contradizem a maioria das pesquisas, mas há inúmeras exceções. A charada das relações entre as macrocovariatas e as taxas de homicídio fica cada vez mais complexa.

A complexidade aumenta quando se coloca o homicídio numa perspectiva psicológica, como a das teorias de frustração/agressão. Ni He e colaboradores (2003) usam a expressão "*the stream analogy of lethal violence*" para se referir ao homicídio e ao suicídio como cursos alternativos de um só fluxo. Esse uso, cuja sistematização foi aperfeiçoada pela psicanálise, também tem uma tradição sociológica de peso. Talvez tenha sido Ferri (1883-1884) o primeiro a usá-la explicitamente em criminologia. A tradição, porém, se firmou, com Porterfield (1949), os clássicos Henry e Short Jr. (1954), os também já clássicos Wolfgang e Ferracuti (1967) e, mais recentemente, Whitt (1985), que abriu uma nova linha de trabalhos.[30]

Para Ni He e colaboradores (2003), essa tradição inclui dois campos: as forças que produzem e as forças que direcionam. Há pequenos alçapões metodológicos: estima-se que, ao longo de toda a escala de forças de produção, a correlação bivariata entre suicídio e homicídio seja positiva como resultado de ambos responderem positivamente (*aumentam*) a ela. Porém, o modelo também requer que, controlando as forças de produção (de agressão letal), a relação entre as taxas de suicídio e de homicídio seja *negativa*.

Unnithan e Whitt (1992) e Unnithan e outros (1994) modificaram as propostas teóricas que integravam suicídio e homicídio, incorporando a *subteoria da atribuição* à teoria de Henry e Short, que se baseia na frustração-agressão. Essa subteoria propõe que as pessoas com alto nível de frustração escolhem a quem "culpar" pela origem dos problemas. Quando percebem a si mesmas como a causa (além de se sentirem impotentes e estarem deprimidas), aumenta a probabilidade de suicídio; quando percebem a causa como externa, atribuindo-a a outros, aumenta a probabilidade de homicídio. As macrocovariatas que usaram — desigualdade de renda e desenvolvimento econômico — explicariam o potencial agressivo e a direção da agressão. A desigualdade aumentaria o fluxo de violência potencial, mas o direcionaria para os próprios indivíduos.

Nesse ponto é necessário discutir a relevância das categorias fundamentais. Numa lógica explicativa baseada na competição, quem está por baixo é perdedor. Por motivos individuais, e talvez outros, quem está em

---

[30] Ver Whitt, Gordon e Hofley, 1972:193-201; Whitt, 1985:229-231; Unnithan e Whitt, 1992:182-195; e Unnithan, Huff-Corzine, Corzine e Whitt, 1994.

baixo perdeu e quem está em cima, com mais renda, ganhou. É possível discutir detalhes das regras, mas, em princípio, quem perde o faz por causas individuais e, não, por uma injustiça atribuível às regras.

Mas essa não é a única lógica. Em muitas óticas, inclusive a marxista, a exploração e o conflito são as categorias fundamentais. Se alguém tem mais é porque explorou quem tem menos; se alguém tem menos é porque foi explorado por quem tem mais. Levada essa ótica ao extremo determinista, o indivíduo não é responsável por qualquer parcela do que tem ou terá, embora muitos, violando o princípio determinista, culpem os capitalistas individualmente.

Há outras lógicas e problemas. Em tema tão relevante quanto a vida humana, deve-se saber por que o número de pessoas economicamente frustradas é superior à soma de homicídios e suicídios, e o que diferencia os que respondem matando alguém (a si ou a outrem) da grande maioria que não mata ninguém. Como as teorias mencionadas não têm propostas elaboradas nessa área (muitas não conseguem escapar de um certo automatismo ao vincular a frustração à agressão), o campo está aberto a contribuições.

Voltando à análise estatística de Unnithan e Whitt (1992) e de Unnithan e outros (1994), as regressões multivariatas com dados em que as nações são unidades de observação dão algum apoio à hipótese que relaciona desenvolvimento econômico e desigualdade de renda à *razão* entre suicídios e homicídios, mas não entre essas variáveis e a violência letal.

Urbanização e homicídio

A demonstração de que as grandes cidades norte-americanas têm uma taxa de homicídios muito mais alta do que as do restante do país levou alguns leigos a creditarem as altas taxas americanas de homicídio à metropolização. Essa passou a ser uma questão *política* importante nos Estados Unidos, um país industrializado, cujas taxas são significativamente mais altas do que as dos demais países industrializados.[31] Os Estados Unidos também são o único país industrializado que exibe uma "cultura de armas", sendo a maior representante dessa cultura, a NRA, uma das

---

[31] A National Riffle Association (NRA) e seguidores, não podendo negar que as taxas são mais altas, tentaram atribuí-las à metropolização e à composição racial da população; achavam que, se conseguissem, exonerariam as armas como importante fator contribuinte.

organizações politicamente mais eficientes naquele país. Seus defensores menos familiarizados com os dados sobre violência procuram isentar a cultura de armas de qualquer responsabilidade pela alta taxa de homicídios, o que os leva à busca frenética de outras explicações. Uma delas levou à diferenciação *interna* dos Estados Unidos em algumas cidades "e o grosso do país"; outra, menos explícita, levou à diferenciação entre as taxas de brancos e negros.

Gráfico 18
**Taxas de homicídio por 100 mil habitantes:
seis grandes cidades e o restante dos EUA, 1998**

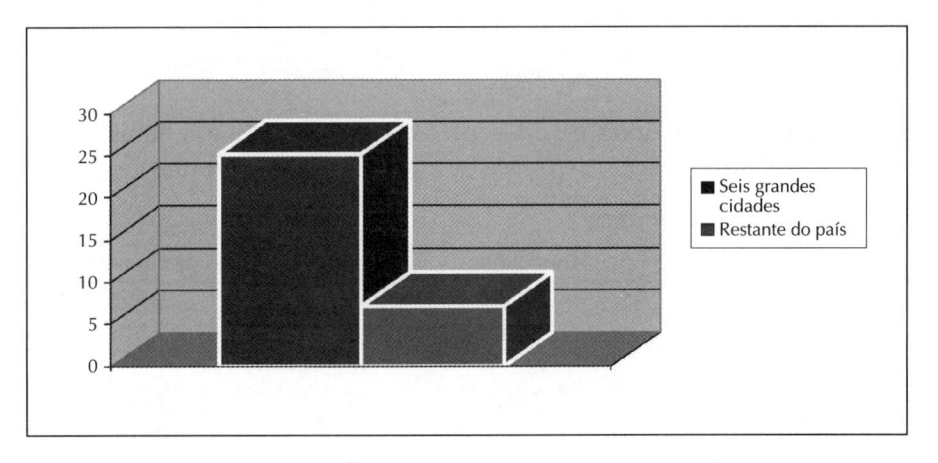

Porém, uma simples inspeção visual, comparativa, dos dados referentes às "cidades malvadas" e "ao grosso do país" com os de outros países anglo-saxões industrializados mostra que tanto as "cidades malvadas" quanto "o grosso dos Estados Unidos" apresentam taxas de homicídio e de outros crimes mais altas.

Os dados mostram que as taxas de homicídio do "grosso dos Estados Unidos" são muito mais altas do que as de outras cidades e países anglo-saxões: a taxa relativa à Nova Zelândia representava pouco mais de um terço da do restante dos Estados Unidos; as da Austrália, Sidney, Melbourne e do Canadá equivaliam a apenas 28%; e as da Inglaterra e do País de Gales equivaliam a 17%. Assim, as diferenças entre as taxas dos Estados Unidos e as dos demais países anglo-saxões e suas subdivisões não são explicáveis pelas "cidades malvadas" norte-americanas. As maiores cidades australianas têm taxas mais baixas do que a do restante dos Estados Unidos. A tentativa de atribuir as diferenças entre os Estados Unidos e os demais países industrializados às suas grandes cidades (uma tentativa composicional baseada na urbanização, que isentaria os demais aspectos das estruturas e da cultura norte-americanas) falhou.

A relação entre urbanização e metropolização, por um lado, e crime, violência e homicídio, por outro, não é universal. Como quase todas as relações em criminologia, é fortemente contextualizada. Não havia, em 1998, diferenças entre as taxas de homicídio de Sidney e Melbourne — as duas maiores cidades australianas — e o restante do país, mas havia fortes diferenças no que dizia respeito a assaltos e furtos de automóveis.[32]

Tabela 7

Comparação entre taxas de diferentes crimes por 100 mil habitantes: Estados Unidos, sem suas seis principais metrópoles, e outros países, c.1998

	Homicídios	Assaltos	Furto de automóveis
Restante dos EUA	7,1	165	505
Sidney e Melbourne	2,0	85	1.116
Austrália (total)	2,0	52	770
Canadá	2,0	94	344
Nova Zelândia	2,6	41	999
Inglaterra e País de Gales	1,2	62	778

Na América Latina, as capitais apresentam, em alguns casos, taxas muito mais altas do que as dos países.[33] Há cidades, capitais ou não, notoriamente violentas que superam em muito a taxa nacional. Um estudo da Opas de 2003 — *Obstruyendo el desarrollo: los efectos de las armas pequeñas en el desarrollo humano* — permite comparar algumas cidades e as taxas nacionais, referindo-se os dados a anos do período

---

[32] O roubo de automóveis é raro nos países industrializados, mas o furto é comum. O roubo recebe com freqüência um nome diferente — *carjacking* —, sendo uma ofensa muito mais séria.
[33] Infelizmente, há problemas de subenumeração, maior nas zonas rurais e nas pequenas cidades, e que podem criar diferenças artificiais, não permitindo saber até que ponto as diferenças encontradas são reais e até que ponto se devem à subenumeração.

1995-1998: Medellín apresentava uma taxa de 248, muito superior à da Colômbia, que era de 71; na Cidade de Guatemala, a taxa atingia 102 por 100 mil, mas a taxa nacional guatemalteca era de 30; Caracas, naquele ano, tinha 76, taxa muito maior do que a da Venezuela, que era de 16; São Paulo, com 56 por 100 mil, praticamente dobrava a taxa nacional de 29; Lima, com 25, dobrava a taxa peruana de 12; as diferenças no México eram menores, 20 para a Cidade do México e 17 para o país. As capitais de países como Argentina e Chile, com taxas nacionais mais baixas, também apresentavam taxas substancialmente mais altas *relativamente* às taxas nacionais.

No Brasil também se observa uma tendência à concentração dos homicídios em *algumas* áreas metropolitanas. Lima (s.d.), citando Pompeu (2000), observou que

> Ainda em 1997, 60% dos homicídios ocorreram nas regiões metropolitanas dos estados, onde concentram-se apenas 31% da população brasileira. Como agravante, as regiões metropolitanas de São Paulo e Rio de Janeiro respondem por 40% dos homicídios cometidos no país, sendo que só nos municípios do Rio de Janeiro e São Paulo foram registrados 20% do total de homicídios ocorridos no Brasil, enquanto sua população corresponde a 9,68% da brasileira.

Quando separamos a região metropolitana das capitais do restante da população de alguns estados, usualmente encontramos uma diferença no que concerne a taxa de homicídios. Por exemplo: em São Paulo, em 1998, as taxas eram 48 e 20, respectivamente. Dados fornecidos em palestra pela DHPP mostram que a diferença persistiu entre o dados do Departamento de Polícia Judiciária da Capital (Decap) e os do "interior" até os últimos disponíveis, de 2003 (gráfico 19).

Letícia Maria Schabbach e Aida Griza, duas pesquisadoras da Secretaria da Justiça e da Segurança do Rio Grande do Sul, já mencionadas, chegaram aos mesmos resultados, *agrupando* os municípios brasileiros com população igual ou superior a 20 mil habitantes. Concluíram que há uma significativa diferença:[34]

---

[34] Ver Schabbach e Griza, 2002. Arredondei as percentagens para o integral mais próximo.

Dentre os municípios brasileiros com população igual ou superior a 20 mil habitantes, os cem listados acima apresentaram as maiores taxas de homicídios por 100 mil habitantes em 1999. Tais cidades foram palco de 24.611 das 42.914 mortes por agressão ocorridas no país naquele ano, correspondendo a 57% do total. Por outro lado, representam 21% da população do país.

Gráfico 19
Taxas de homicídio, por região: estado de São Paulo, 1999-2003

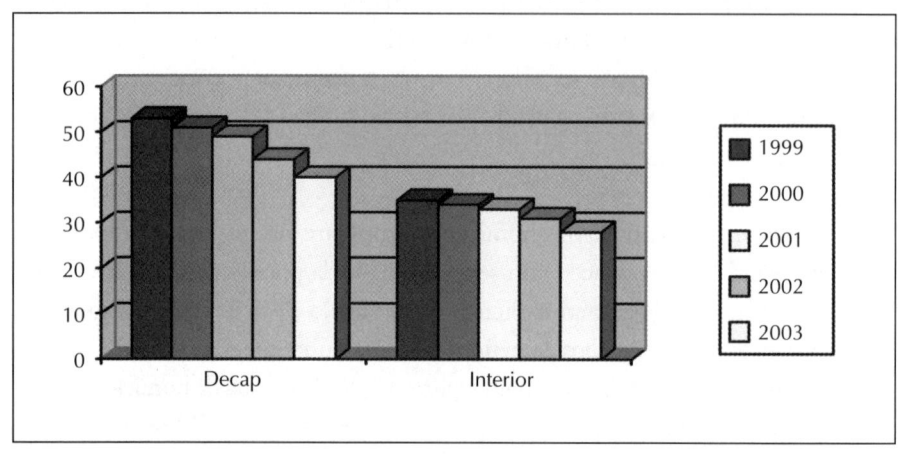

Nota: Elaborado pelo autor com dados da DPPH.

Porém, as correlações entre urbanização e taxas de homicídio, usando os *estados* brasileiros como unidades de observação, não permitem conclusões taxativas — sendo também viciadas pelas estatísticas muito deficientes ou quase inexistentes de alguns estados. E dentro dos estados, usando municípios, as relações entre grau de urbanização e taxas de homicídio é positiva na maioria dos estados.

Duarte e outros (2002) analisaram os dados para regiões e estados, chegando a conclusão de que havia uma correlação estatisticamente significativa (0,001) entre urbanização e taxa de homicídios. Nas análises inter-regionais e interestaduais, porém, não há como separar os graves efeitos da subenumeração da relação real, empírica, entre variáveis correlacionadas com o nível de organização das estatísticas públicas.

Uma estratégia diferente foi adotada por Cruz, que usou variáveis socioeconômicas para definir agrupamentos espaciais (*clusters*), com base no censo de 1991. A análise revelou que a *proporção da população urbana* era o principal indicador, auxiliado pela *proporção da população alfabetizada*, pela *proporção de domicílios alugados* e pela *proporção de domicílios com canalização interna de água* (dois indicadores de qualidade de vida associados com a urbanização). Cruz (1996) concluiu que "a sobreposição entre RHPP máxima e estes indicadores permite detectar a relação existente, onde a maiores proporções de população urbana correspondem maiores níveis de violência".

A estratégia de visualização é eficiente, sobretudo se complementada com a leitura atenta dos dados. A variância é muito grande. No triênio 1979-1981, em três municípios — Carmo, Rio das Flores e Trajano de Morais — não houve um só homicídio; em 1990-1992, em Laje do Muriaé houve apenas um.

A meu ver, a taxa histórica de crescimento das grandes metrópoles latino-americanas de hoje é um dos determinantes distantes da criminalidade das grandes cidades do continente. Essas metrópoles cresceram a taxas previamente desconhecidas, tendo algumas acrescentado às suas populações, *em um decênio*, o equivalente à população de algumas capitais e grandes cidades européias em 1950. Algumas metrópoles asiáticas e africanas também passaram, e passam, por uma crise de crescimento acelerado. Comparativamente, as áreas urbanas e rurais do mundo subdesenvolvido vivem uma crise que não afeta o mundo desenvolvido, nem o afetou com intensidade semelhante. As raízes dessa situação crítica são antigas, o que significa que estudos espaciais ou mesmo temporais que cubram poucas décadas não permitem uma compreensão adequada das raízes da crise urbana latino-americana. A rapidez da urbanização em países com recursos escassos fez com que as cidades crescessem sem infra-estrutura adequada — hospitais, escolas, polícia, empregos, recursos sanitários etc. As metrópoles latino-americanas de hoje herdaram esse pesado legado. A crise aparece nas estatísticas atuais, mas sua origem data de várias décadas.

Em 2000, o mundo subdesenvolvido contava com 22 megametrópoles, de acordo com a definição das Nações Unidas (8 milhões ou mais de pessoas), das quais cinco estão na América Latina. Somente uma das cidades do mundo desenvolvido, Nova York, figura entre as 10 maiores do mundo.

Gráfico 20

Taxas médias de crescimento da população urbana e rural: países mais e menos desenvolvidos economicamente, 1975-2000 e 2000-2025

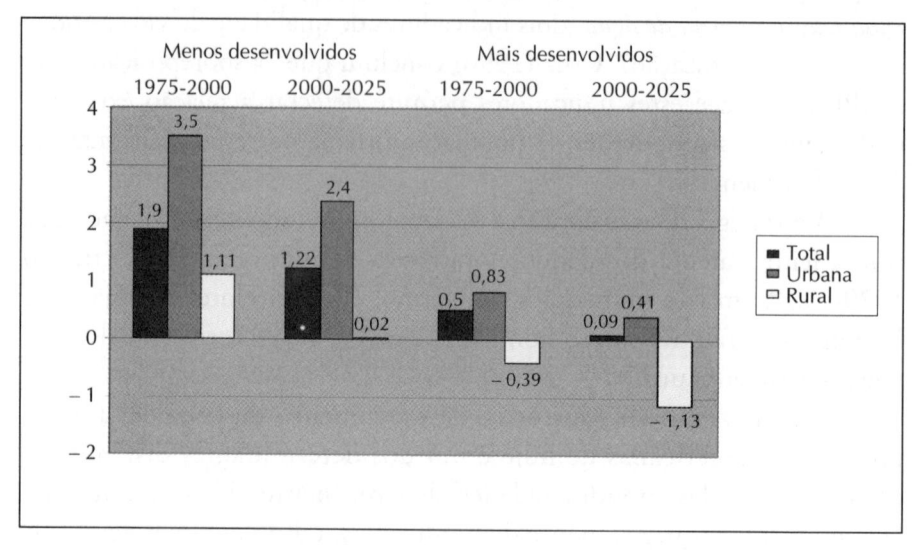

Historicamente, o crescimento foi muito mais rápido: Londres precisou de 150 anos para passar de 1 milhão para 8 milhões de habitantes, ao passo que a Cidade do México cresceu de 1 milhão para 15 milhões em 50 anos apenas — quase o dobro do crescimento em um terço do tempo.

Desigualdades espaciais internas das cidades, favelas, e o homicídio

A urbanização na América Latina formou áreas habitadas principalmente por pobres (ainda que desigualmente pobres), com precárias facilidades urbanas, e algumas com alta percentagem de migrantes internos, recentes ou não. O estado está sub-representado nessas áreas. Chamadas de favelas, *callampas, villas miseria, poblaciones (marginales)* etc., apresentam um perfil semelhante.

A distância social entre o observador e a favela não deve impedir a constatação de que as favelas variam muito, tanto entre si quanto internamente, e de que, *em comparação* com as áreas "nobres" e de classe média, apresentam muitas características correlacionadas com o homicídio, muitas condições facilitadoras e poucas condições dissuasórias. O resultado é uma alta concentração de homicídios e outros crimes violentos nas favelas. Essa concentração, porém, é imperfeita: há favelas com taxas baixas e áreas sem favelas com taxas altas. Beato constatou isso de forma clara em Belo Horizonte (mapa 1).

Mapa 1
Representação de conglomerados de casos de homicídio: Belo Horizonte, 1995-1999

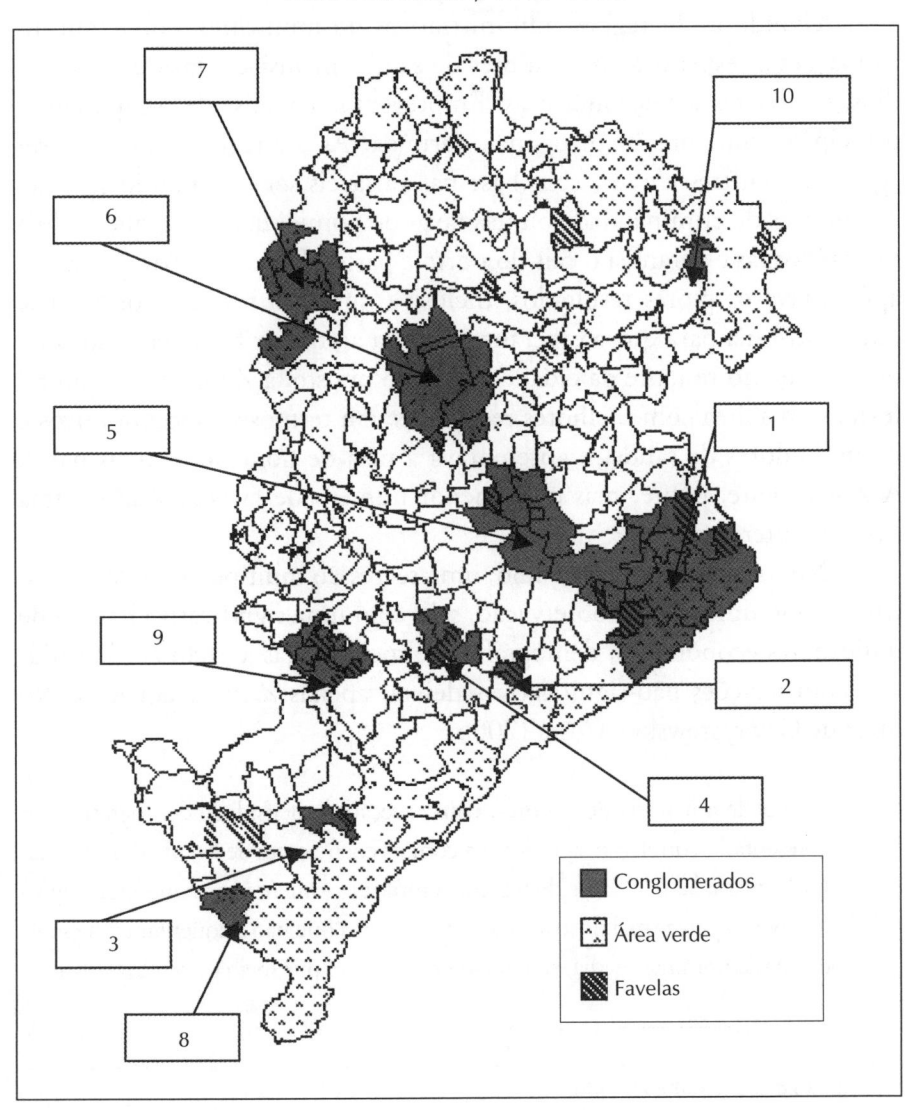

Santos e outros (2001) pesquisaram os homicídios em Porto Alegre por uma perspectiva semelhante à de Beato e de outros pesquisadores do Centro de Estudos de Criminalidade e Segurança Pública (Crisp). Identificaram claros *clusters*, o que confirmou a utilidade dessa perspectiva, sobretudo tendo em vista a prevenção. Um estudo em moldes epidemiológicos realizado no Rio de Janeiro confirma os resultados das pesquisas de Cano e de Piquet Carneiro. Szwarcwald e colaboradores (1999) estudaram as mortes no município do Rio de Janeiro de 1987 a 1995.

Usando as 24 regiões administrativas do município, obtiveram informações a respeito de indicadores de saúde, inclusive a taxa de homicídios, e variáveis socioeconômicas. Empregaram a análise de componentes principais com rotação ortogonal, varimax. As 24 regiões puderam ser agregadas em três *clusters*, com base nas variáveis socioeconômicas, e não nos índices de criminalidade ou nas taxas de homicídio. Uma, que incluía muitas favelas e abrangia o cais do porto e partes da Zona Norte, era a que apresentava os piores resultados, inclusive uma alta taxa de homicídios, que contribuía para que a esperança de vida ao nascer fosse sete anos menor do que no restante da cidade. No pólo oposto, a Zona Sul e o litoral formavam a área com melhores resultados, em termos socioeconômicos e de indicadores de saúde, e apresentava a taxa de homicídios mais baixa. A Zona Oeste, pobre, mas com menor número de favelas, ficava numa situação intermediária.[35]

No município de São Paulo, uma regressão múltipla, usando os distritos como unidades de observação, saiu com uma significativa bateria de indicadores econômicos, demográficos e sociais. Mas a exclusão de variáveis com relações não-significativas deixou apenas *duas* na equação. No dizer de Gawryszewski e Costa (2005):

> Apesar de a maioria dos fatores, com exceção da densidade demográfica, ter apresentado correlação significativa com os coeficientes de homicídios na análise univariada, na análise de regressão múltipla somente permaneceram significativos o percentual de jovens de 15 a 17 anos que não freqüentaram a escola e a renda nominal média, trabalhada no modelo por meio de seu logaritmo.

---

[35] Szwarcwald et al., 2000:530-536.

O r^2 ajustado de 0,53 é significativo, *mostrando que em regiões metropolitanas altamente diversificadas as macrocovariatas são de grande utilidade.* A magnitude desses resultados das autoras é compatível com a obtida no Distrito Federal e em outras regiões metropolitanas.

No Distrito Federal, construí um *database* para verificar qual a relação entre desenvolvimento econômico e social e as taxas de homicídio. Os dados sobre homicídios, da Secretaria de Segurança do Distrito Federal, foram "criticados"[36] e são completos. A variável dependente, que se quer explicar, foi a taxa de homicídios de 1996, calculada com os dados absolutos da Secretaria de Segurança, sobre as populações estimadas para aquele ano. Há muita variação nas taxas de homicídio das 19 regiões administrativas. Os dados socioeconômicos foram tomados da pesquisa *Perfil socioeconômico das famílias do Distrito Federal, 1997*, realizada pela Codeplan; os dados demográficos também foram obtidos na Codeplan, referindo-se os de 1996 à contagem feita naquele ano pelo IBGE. Inicialmente, observei o nível de pobreza pela percentagem dos domicílios com renda até dois salários mínimos. Há muita variância entre as regiões administrativas no que concerne a renda familiar média (desde menos de R$ 600,00 no Paranoá, Recanto das Emas, Santa Maria e São Sebastião a R$ 5.902,80 no Lago Norte e R$ 7.364,89 no Lago Sul), o que permite uma análise menos restrita com variáveis externas.

Mas a pesquisa proporcionou muitos outros dados de interesse. A base de dados foi montada com vários indicadores de desenvolvimento econômico e social. A maioria desses indicadores forma um bloco: quem é alto em um, é alto nos demais.

Vários indicadores de *sub*desenvolvimento econômico e social produziram correlações estatisticamente significativas com as taxas de homicídio — entre 0,55 e 0,61 —, e um pouco mais altas quando usei os logaritmos naturais das taxas de homicídio — entre 0,57 e 0,62. Como esses indicadores se correlacionam intimamente entre si (as regiões administrativas com maior percentagem de pessoas com renda abaixo de dois salários mínimos são também as que têm mais alta taxa de analfabetismo etc.), um índice somatório e o fator geral de subdesenvolvimento que resultou de

---

[36] Verificados pela própria Secretaria de Segurança.

uma análise fatorial apresentaram correlações também altas tanto com a
taxa de homicídios quanto com seu logaritmo. Esse estudo espacial mostra
que, no Distrito Federal, as macrocovariatas se relacionavam significativamente com as taxas de homicídio.

Tabela 8

**Correlações entre indicadores de subdesenvolvimento econômico e
social e taxas de homicídio: Distrito Federal, c.1996**

Indicadores econômicos e sociais	Correlação		Significação	
	Taxa	Ln Taxa	Taxa	Ln Taxa
Habitação (% de menos de quatro cômodos)	0,55	0,57	0,014	0,011
Renda inferior a 2 SM	0,58	0,60	0,009	0,007
Analfabetismo	0,59	0,61	0,008	0,006
Índice somatório de subdesenvolvimento	0,61	0,62	0,006	0,005
Escore do primeiro fator na análise de componentes principais (fator geral de subdesenvolvimento econômico e social)	0,59	0,60	0,008	0,006
Grupo de regiões administrativas (níveis socioeconômicos — alto, médio e baixo)	0,60	0,62	0,007	0,005

Vários autores demonstraram, mediante estudos espaciais de áreas
metropolitanas, que as taxas de homicídio acompanham os indicadores
de pobreza e de exclusão. Barata e outros (1998) usaram dados referentes
a cinco regiões da cidade de São Paulo. Dentro de cada região correlacionaram (Spearman) uma escala de nível socioeconômico com as taxas de
homicídio referentes a 1995. As correlações obtidas foram muito altas:
0,98 para 24 distritos da Zona Central; 0,95 para os 10 distritos da Zona
Oeste; 0,97 para os 18 distritos da Zona Norte; 0,99 para os 30 distritos
da Zona Leste; e 0,97 para os 14 da Zona Sul.

O mesmo padrão se observa no *município* de São Paulo. É um padrão antigo, documentado por Maria Helena Mello Jorge desde 1979. O
georreferenciamento permite ver com nitidez a concentração dos homicídios *e* de fatores criminogênicos. Assim, a pobreza, a concentração de

jovens e as taxas de homicídio tendem a se concentrar nas mesmas áreas, na periferia da capital.

Quando é possível computar separadamente as taxas de homicídio das diferentes áreas "faveladas", o contraste entre elas e as "áreas nobres" é gritante. Raramente dispomos de dados policiais e sociodemográficos nesse nível de detalhe, mas mesmo usando áreas mais amplas, como os bairros, vemos que há áreas com taxas catastróficas, como Brasilândia, Jardim Ângela, Guaianazes e Capão Redondo, e bairros com taxas de homicídio muito mais baixas, como Consolação, Perdizes, Jardim Paulista etc. Renato Sérgio de Lima (s.d.) afirma que "a média das taxas de homicídio por 100 mil habitantes das cinco regiões mais violentas de São Paulo é de 84,4; a média das cinco menos violentas, 5,3, ou seja, 16 vezes menor...".

Essa tremenda variância interna, em uma mesma região metropolitana, foi confirmada por Delassoppa e outros (1999) no Rio de Janeiro.

Um trabalho de Ângela Britto, Débora Santana, Marisa Vieira e Simone Brandão (2004) também sugere a concentração dos homicídios de jovens nas áreas mais próximas do Rio de Janeiro, capital estadual. Porém, a estratégia de apresentação, cartográfica, elude o problema da colinearidade.

Araújo (1998), por sua vez, sugere que a alta mortalidade violenta dos jovens pode caracterizar algumas áreas específicas (cita São Paulo e Rio de Janeiro), mas não outras (cita Belo Horizonte e Curitiba). O trabalho usa dados até 1994; desde aquela época, infelizmente, Curitiba, Belo Horizonte e suas regiões metropolitanas viram suas taxas de homicídio crescerem rapidamente.

Em Porto Alegre, houve um esforço de mapear as áreas de maior peso de homicídios, acidentes e suicídios; um mapa com a concentração da população proporciona o contraste. A conclusão que se impõe é que os pontos de concentração (*clusters*) são diferentes para os três tipos de mortes violentas.[37]

Alguns autores levaram adiante um certo refinamento da urbanização e conceitos relacionados. Maria Fernanda Tourinho Peres (2004) tratou da *densidade domiciliar* e da percentagem de casas *sem coleta de lixo*. Ambas dizem

---

[37] Santos et al., 2001:1141-1151.

algo sobre a qualidade das habitações urbanas: quanto mais altas, piores as condições habitacionais. E ambas se correlacionam positiva e significativamente com a taxa de homicídios por armas de fogo, mas não por outros meios.

Macedo e outros (2001) também estudaram diferenças internas na Área Metropolitana de Salvador, Bahia. Dividiram a cidade em quatro zonas, de acordo com critérios socioeconômicos e culturais. Usando dados de 1991 e 1994, verificaram que a *razão de risco* de vitimização por homicídio variava muito entre as quatro zonas: a "pior" zona tinha razões de risco de 2,9; 1,5 e 1,6 em relação às demais em 1991; em 1994, as diferenças aumentaram para 5,1; 2,7; e 2,4, respectivamente.

A ênfase nas coordenadas espaciais dos homicídios deriva da localidade. A DHPP de São Paulo, com base em 576 inquéritos, mostra o caráter *local* dos homicídios. As pessoas matam e morrem perto de onde moram. Os autores de 48% dos homicídios moravam a menos de 500 metros do local; a percentagem referente às vítimas é ainda maior — 59%. Somente uma em cada cinco vítimas morava a mais de um quilômetro de onde foi morta e apenas um de cada quatro homicidas matou a mais de um quilômetro de onde morava.[38] Uma percentagem significativa dos mortos morava a menos de um quilômetro de seu assassino. Beato, em comunicação pessoal, informou-nos ter encontrado um "localismo" semelhante em Belo Horizonte.

Migrações e homicídio

Um raciocínio com algumas analogias com o de coortes e de gerações se aplica às migrações. Migrantes que chegam em grande número em tempo relativamente curto a uma área, usualmente uma cidade, entopem a cidade e saturam os seus recursos.

Esse fluxo demográfico tem implicações em diferentes níveis: no macro, pode gerar uma sobrecarga sobre os recursos da área. Nesse ponto, cumpre distinguir entre dois tipos de sobrecarga:

- a *absoluta*: a área não dispõe de recursos para atender à população. O exemplo clássico é dado pelos recursos hídricos. Áreas metropolitanas invadem áreas vizinhas, e não tão vizinhas, em busca de água, após esgotados os seus próprios recursos;

---

[38] Dados reorganizados com base nos apresentados em excelente conferência feita por José Masi, e que foram gentilmente cedidos.

● a *temporária*: a área não dispõe de recursos para enfrentar a demanda, situação que permanece durante algum tempo, tendendo a ser corrigida depois. Um exemplo é o da educação, da construção de escolas e, sobretudo, do treinamento de professores a prazo relativamente curto para atender a uma população que cresce rapidamente.

Os imigrantes e seus descendentes não têm a mesma relação com o crime e a violência em todos os contextos. O Canadá é um país interessante, porque mantém muitas características próprias, a despeito da extensa fronteira com os Estados Unidos e de alguns traços comuns.

No Canadá, os imigrantes apresentaram taxas mais baixas de crime a partir de diferentes estatísticas. Um estudo das sentenças dadas a homens de 15-49 anos, lavradas entre 1951 e 1954, feito por Schwartz (1957) e Vallee (1961), mostra diferenças que *favorecem* os imigrantes. Os tribunais tinham o dever de anotar o local de nascimento dos acusados. Os pesquisadores constataram que a taxa dos imigrantes era 428 por 100 mil habitantes, menos da metade da taxa dos canadenses de nascimento, que era de 866. O controle do gênero e da faixa etária é indispensável, porque crianças migram menos do que adultos e, em geral, homens (que são mais violentos) às vezes migram mais do que mulheres. As diferenças, portanto, são grandes. Examinando-se os dados crime por crime, os resultados apontaram na mesma direção, exceto em relação aos jogos de azar, nos quais os nascidos na Ásia superavam os canadenses de nascença. Mais tarde, em 1976, Giffen (1976) examinou os dados de 1969 referentes à província de Ontário, chegando às mesmas conclusões. Porém, Giffen notou que cerca de dois terços das fichas não continham informações sobre o lugar de nascimento, o que prejudicou seriamente a pesquisa.

A *segunda geração* — os filhos dos imigrantes —, entre 1951 e 1961, apresentou taxas de delinqüência mais baixas do que os canadenses de mais gerações. Ross (1974) pesquisou imigrantes *recentes*, que estavam no Canadá há menos de cinco anos, usando dados para todo o país referentes ao período 1966-1969. Os imigrantes representavam 1-2% dos condenados, em comparação com sua participação na população, que era de 3,1-4,3%.[39]

---

[39] Esse estudo, como os anteriores, foi prejudicado por dados incompletos.

O autor concluiu que a participação dos imigrantes em crimes graves era bem menor do que a da população em geral. Thomas (1993) usou dados sobre pessoas encarceradas em prisões federais canadenses em 1991. Os resultados mostram que a taxa dos imigrantes (55) correspondia a pouco mais da metade da taxa dos canadenses de nascimento (106).

Porém, os imigrantes não são idênticos, e Thomas constatou isso. Os latino-americanos e os caribenhos tinham taxas mais altas —140 e 180, respectivamente. Os estrangeiros estavam claramente *sobre-representados* nos crimes de tráfico e consumo de drogas e algo sobre-representados em extorções e prostituição. Gordon e Nelson (1996) pesquisaram os presos na Colúmbia Britânica em 1993. Os imigrantes estavam sub-representados entre os presos, pois representavam a metade da sua participação na população.

Ainda no nível macro, as migrações numerosas podem significar uma deterioração da qualidade de vida para todos, mesmo atingindo diferentemente os antigos moradores e os migrantes. Podem significar um movimento de população e a construção acelerada de moradias em locais inapropriados, como é o caso de muitas favelas do Rio de Janeiro, que invadiram áreas de preservação ambiental, ou do Distrito Federal, onde a "invasão" estrutural ameaça contaminar parte dos recursos hídricos.

No nível dos membros da coorte pode significar problemas específicos, como dificuldades de moradia, de emprego, ou rejeição por parte da população de antigos residentes, que negam legitimidade a sua presença no local.

Talvez mais importante, fica alterado o quadro de relações humanas. Numa situação de invasão de áreas sem serviços, pelo menos inicialmente há uma certa exposição da intimidade de cada um a estranhos, forçada pela coabitação em espaço restrito e não reservado. Tais situações podem ser extremamente competitivas, do tipo em que o "certinho", obediente à lei e aos costumes, pode ser um perdedor. Sem a presença do Estado, com tantas demandas, surgem novas linhas de autoridade e de poder.

A transformação de uma invasão numa favela, e de uma favela num bairro pobre, é um processo que leva muitos anos. Durante um período, as crianças terão pouca ou nenhuma educação, e de baixa qualidade, situação que acompanhará a maioria delas pelo resto da vida.

Dados relativos ao Rio de Janeiro mostram o que há de verídico no debate do início de 2003 acerca dos efeitos das migrações internas sobre as taxas de homicídio. Calculei, então, as percentagens de residentes em cada município que: a) nasceram fora do município; e b) nasceram fora do estado. Em seguida, correlacionei as taxas de vitimização por homicídio — consideradas variável dependente — com as duas percentagens. Os resultados mostraram que a percentagem dos nascidos *fora do município* é a que melhor se correlaciona com as taxas de homicídio, e não a percentagem dos nascidos fora do estado.

Gráfico 21

Taxas masculinas de homicídios por 100 mil habitantes e proporção de homens que residem em municípios do Rio de Janeiro mas não nasceram neles

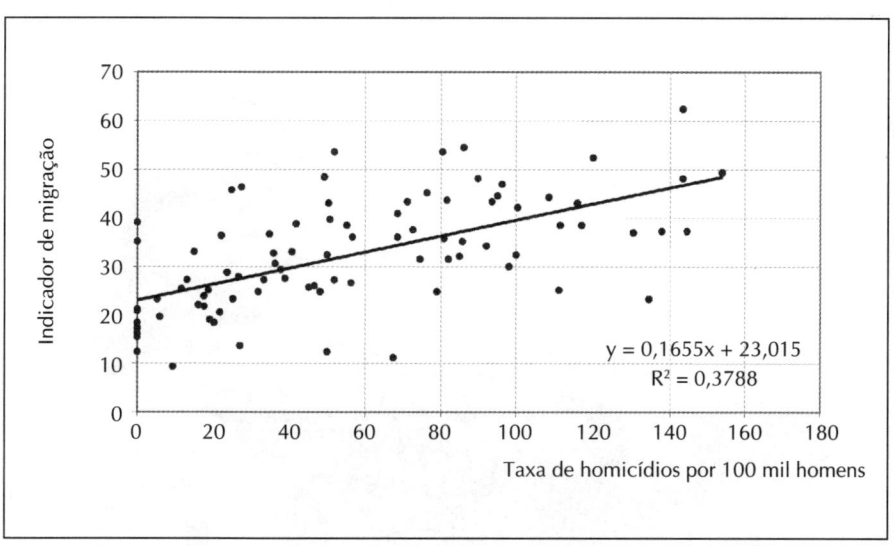

Fontes: SIM/Datasus e IBGE.
Elaboração: CESeC/Ucam, sob a orientação do autor.

Os resultados desvinculam o homicídio das migrações de um estado ou de uma região específica. Na verdade, para evitar a chamada falácia ecológica, não é sequer lícito concluir que são os migrantes — de outros municípios, de outros estados, ou das duas origens — que contribuem para o aumento das taxas de homicídio, seja por serem vítimas, seja por serem algozes. A única conclusão correta é que a migração aumenta a taxa de homicídios do município. Isso não quer dizer que são os migrantes que matam, nem que são os migrantes que morrem.

Dois mapas foram preparados especialmente para mostrar visualmente a relação entre a taxa de migração para os municípios e a taxa de homicídios.

Mapa 2
Taxa de homicídios por 100 mil habitantes: estado do Rio de Janeiro, 2000

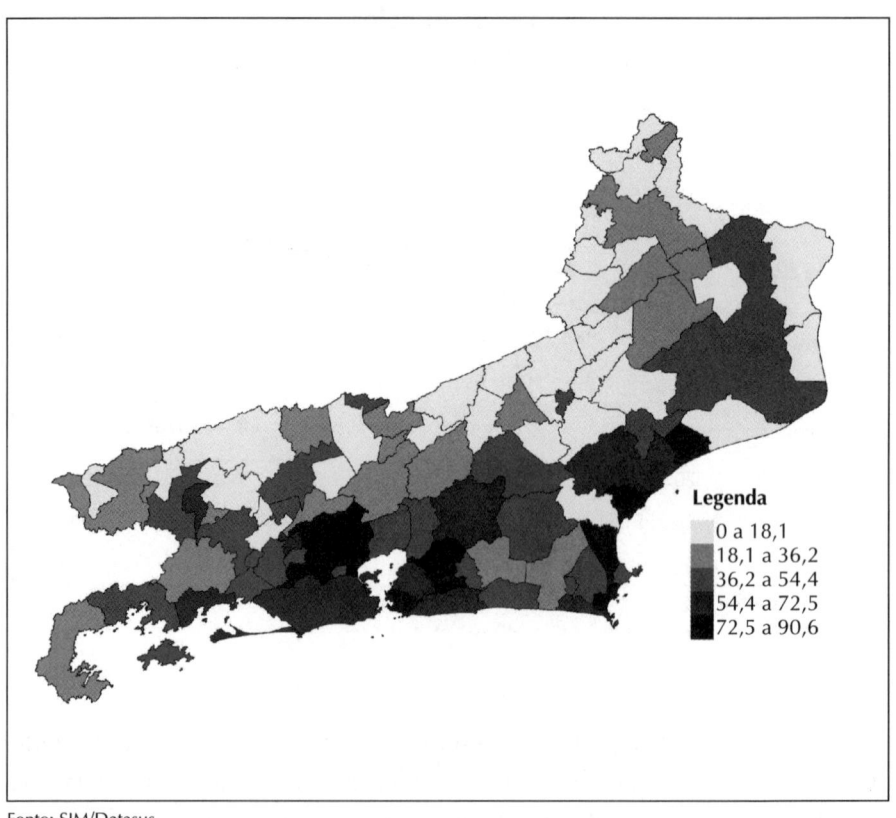

Fonte: SIM/Datasus.
Elaboração: CESeC/Ucam.

Mapa 3
Percentagem de residentes que não nasceram no município: estado do Rio de Janeiro, 2000

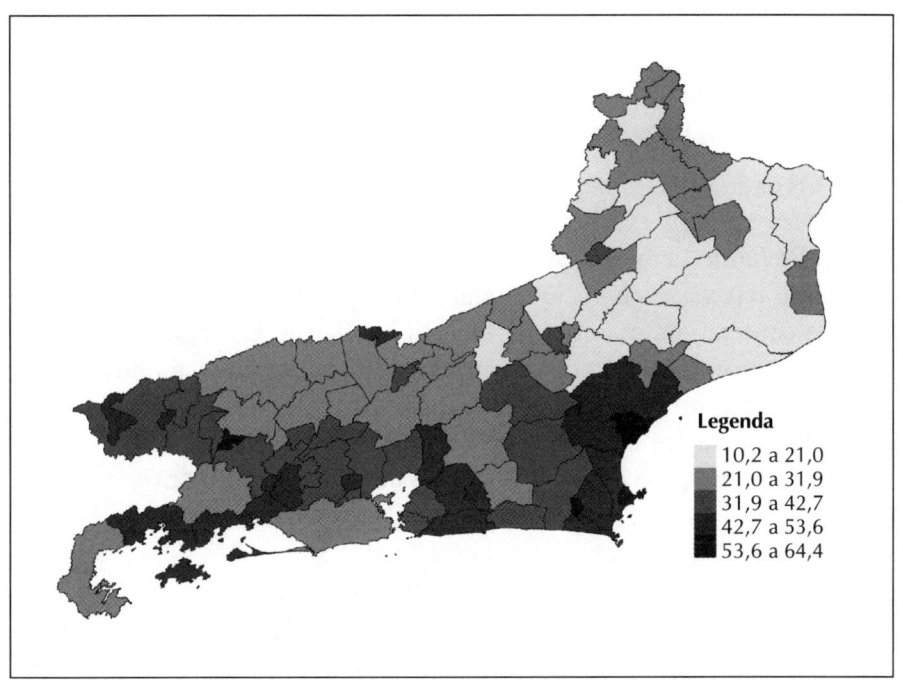

Legenda
10,2 a 21,0
21,0 a 31,9
31,9 a 42,7
42,7 a 53,6
53,6 a 64,4

Fonte: IBGE.
Elaboração: CESeC/Ucam.

Os mapas mostram, visualmente, que a proporção de migrantes (internos e externos) na população dos municípios se correlaciona com a taxa de homicídios. Porém, o mapa baseado na percentagem da população residente nascida fora do município não capta a *história* desses efeitos. Os migrantes de ontem produziram muitos dos que, hoje, figuram como nascidos no município. O efeito da migração não se resume aos problemas causados pelas pessoas dos migrantes, nem pára e morre com eles. Seus descendentes — oriundos de relações entre migrantes recentes, ou com migrantes mais antigos —, e que compõem o total da população, aumentam todos os tipos de demandas sobre as sobrecarregadas estruturas urbanas. Como, de uma maneira ou de outra, todos somos descendentes de migrantes, esse processo jamais poderá ser adequadamente estudado.

Variáveis sociodemográficas e homicídio

Os dados apresentados a seguir foram analisados com duas questões em mente:

1. Quão associadas estão as taxas de homicídio e as variáveis sociodemográficas?
2. Quão dependente é a associação entre essas variáveis em relação a outras variáveis contextuais dos estados ou unidades da federação?

Os dados mostram que em muitos estados há uma associação íntima entre essas variáveis e as taxas de homicídio, mas que o contexto conta, e muito. Pretendo demonstrar, em um primeiro momento, que o poder de explicação das variáveis sociodemográficas é muito, muito importante, e que, no contexto da maioria dos estados brasileiros, elas não podem ficar de fora da teoria criminológica estrutural. Num segundo momento, enfatizarei o contexto, mostrando que o poder de explicação varia de quase 100% em alguns estados a menos de um terço em Santa Catarina.

Não farei, nesse momento, uma análise em separado de *cada* variável sociodemográfica, restringindo-me à análise do seu conjunto.

Tabela 9
Correlações múltiplas, por estado, entre variáveis demográficas e taxa média de homicídios, 1996-2002
(por 100 mil habitantes, tendo os municípios como unidades de observação)

UF	Correlação R^2	UF	Correlação R^2	UF	Correlação R^2
TO	0,60	PR	0,38	GO	0,66
SP	0,75	PI	0,89	ES	0,93
SE	0,79	PE	0,76	CE	0,83
SC	0,32	PB	0,86	BA	0,87
RS	0,76	PA	0,82	AP	0,97
RR	0,58	MT	0,67	AM	0,99
RO	0,57	MS	0,37	AL	0,83
RN	0,76	MG	0,84	AC	0,95
RJ	0,91	MA	0,89	BR	0,81

Preditores: Densidade demográfica (habitantes/km²); urbanização segundo o IBGE; urbanização segundo a FEA/USP; proporção de migrantes do município; município pertencente à região metropolitana.
Notas: Dados ponderados pela população; AC, AM, AP, MS, MT, PB, PI, RO, RR, SE e TO não dispõem de informações sobre se o município faz parte de região metropolitana, ou o conceito não se aplica; regressão *backward*, usando como critério de inclusão o nível de 0,05, e de exclusão o de 0,10.

Os resultados por estado apontam, *todos*, na direção teoricamente prevista: os quatro preditores se correlacionam *positivamente* com a taxa de homicídios, mas há uma considerável variação no que diz respeito a dois pontos:

- que preditores sobreviveram à regressão *backward*;
- qual a intensidade da associação.

A intensidade da associação varia muito, desde 0,32, em Santa Catarina, até 0,99, no Amazonas. Em muitos municípios, a taxa média de homicídios covaria com as variáveis demográficas. A Anova mostra que o valor de F é significativo no nível de 0,000 em todos os casos, exceto em três: Roraima[40] (0,023), Mato Grosso do Sul e Paraná, ambos significativos no nível de 0,004. Pode-se concluir: a) que em todas as 26 unidades da federação as associações seguem a direção prevista; e b) que são estatisticamente significativas em níveis muito exigentes.

Esses dados revelam que as covariatas demográficas têm importante impacto sobre a taxa de homicídios *dentro* de cada estado. É possível melhorar essa previsão, mas à custa da elegância e da simplicidade. Adicionar outras variáveis *do mesmo tipo* pode gerar um sério problema de multicolinearidade.

Porém, as análises das taxas médias de homicídios a partir de covariatas demográficas enfrentam um problema: há 517 observações censuradas à esquerda, com valor igual (ou menor — empiricamente uma impossibilidade) do que zero. Para aquilatar o efeito desse problema usei, inicialmente, uma técnica simples, que é retirar os municípios com valor zero na taxa média de homicídios. É um exercício e não uma solução. Aleatoriamente, esperaríamos encontrar maior número de municípios *pequenos* sem homicídios; porém também postulamos que há maior proporção de respostas zero que não são válidas nos mesmos municípios devido às deficiências administrativas. Por isso, esse exercício é útil.

Assim, além das variáveis demográficas, introduzimos uma bateria maior de preditores, formada por: (constante), proporção de desempregados, urbanização segundo IBGE, município em fronteira, proporção de todos os religiosos na população, proporção de migrantes do município, percentagem de famílias chefiadas por mulheres com filhos adolescentes,

---

[40] Roraima tinha apenas 15 municípios.

Tabela 10

Regressão dos mínimos quadrados, ponderada pela população total residente em 2000, sem municípios com taxa média zero

Resumo do modelo

Modelo	R	R^2	R^2 ajustado	Erro-padrão de estimativa
1	0,786(a)	0,619	0,618	2833,21271

Anova

Modelo	Soma dos quadrados	gl	Quadrados médios	F	Sig.
Regressão	64807859824,870	10	6480785982,487	807,364	0,000(a)
Resíduos	39966902243,353	4979	8027094,244		
Totais	104774762068,223	4989			

Coeficientes

Modelo		Não padronizados		Padroni-zados	t	Sig.
		B	Erro-padrão	Beta	B	Erro-padrão
1	(Constant)	60,774	13,589		4,472	0,000
	Densidade demográfica habitantes por km²	0,003	0,000	0,306	22,579	0,000
	Urbanização segundo IBGE	2,223	0,338	0,096	6,569	0,000
	Urbanização segundo FEA/USP	1,203	,412	0,040	2,920	0,004
	Proporção de migrantes do município	27,171	1,836	0,154	14,803	0,000
	pdesfam	174,152	62,655	0,029	2,780	0,005
	Município pertence a RM	7,745	,724	0,151	10,701	0,000
	Município em fronteira	11,671	1,713	0,062	6,811	0,000
	Taxa de alfabeti-zação em 2000	38,031	5,427	0,129	7,008	0,000
	Proporção de todos os religiosos na população	−156,259	5,853	−0,338	−26,699	0,000
	Proporção de desempregados	91,273	12,426	0,142	7,345	0,000

densidade demográfica (habitantes por quilômetro quadrado), urbanização segundo a FEA/USP, município pertence à região metropolitana, e taxa de alfabetização em 2000. A variável dependente é a taxa média de homicídios *sem* os valores censurados (zero à esquerda). A bateria usada explicaria 62% da variância.

Os coeficientes beta sugerem que o maior impacto é o da proporção de religiosos na população (negativo, pois reduz as taxas de homicídio), seguido pela densidade demográfica. *A influência da sub bateria referente aos dados populacionais persiste.*

Um resultado que pode surpreender alguns é a relação *positiva* entre alfabetização e taxa média de homicídios. Porém, há alguns indícios de que a relação entre educação e vitimização por homicídios é curvilinear.

Tabela 11
Análise Tobit com pesos pela população

Número de observações	5507
LR X² (5)	3304,11
Prob > X²	0
Pseudo R²	0,0633
Log *likelihood* =	−24456,223

Resumo das observações

517 observações censuradas à esquerda, taxa média de homicídios<=0
4.990 observações não censuradas
Zero observações censuradas à direita

Taxa média de homicídios	Coeficiente	Erro-padrão	t	p-valor	95% mais baixos	95% mais altos
Urbanização 1	5,562388	0,392189	14,18	0	4,793542	6,331233
Urbanização 2	1,748312	0,4737069	3,69	0	0,81966	2,676965
Densidade de habitantes/km²	0,0030743	0,0001572	19,55	0	0,002766	0,0033826
Parte de região metropolitana	8,25385	0,8643488	9,55	0	6,559385	9,948315
Percentagem de migrantes na população	21,72967	2,000153	10,86	0	17,80857	25,65076
_constante	−6,532736	1,061117	−6,16	0	−8,61295	−4,452527
/sigma	19,417	0,1951716			19,03439	19,79961

Voltando às variáveis demográficas, usei, também, como ilustração, uma estratégia estatisticamente mais recomendável, uma análise Tobit, *para o conjunto do país, sem diferenciar pelos estados.* A análise revela que as variáveis demográficas usadas — duas medidas de urbanização, a densidade de habitantes por quilômetro quadrado, a percentagem de migrantes na população e ser ou não parte de uma das regiões metropolitanas de cada estado. Os resultados mostram que a relação entre essas variáveis e a taxa média de homicídios, com valores ponderados pela população, é robusta, sendo o p-valor de todas *zero.* As duas medidas de urbanização, a densidade demográfica, ser ou não parte de região metropolitana e a percentagem de migrantes na população se relacionam — sem lugar a dúvida — com a taxa média de homicídios.

Esse exercício, que é preliminar e ilustrativo, confirma o poder das variáveis demográficas e populacionais.

O p-valor de todas as variáveis é zero, o que, no caso do Stata, implica cinco decimais com valor zero. A densidade demográfica e uma das medidas de urbanização foram as mais relevantes (relevância aquilatada pelo teste *t*).

A família

Outro tipo de variável com forte apoio teórico será tratado, Deus querendo, no segundo volume deste livro. Trata da família e de sua composição. Famílias com apenas um responsável (pai ou mãe), *na média,* enfrentam muitas dificuldades, começando pelas financeiras. Mesmo quando há um bom entendimento entre os ex-esposos, são duas as residências a serem mantidas, e não uma. Entre os mais pobres, a combinação da pobreza com a falta de apoio de um parceiro pode levar a pesadas cargas horárias de trabalho para a mulher, reduzindo ao mínimo as interações entre ela e os filhos. Muitos passam a ser, literalmente, educados na rua, por outros meninos, entre os quais é maior a possibilidade de socialização na direção da delinqüência. Pode também levar à substituição do pai por outros parceiros, que, *na média,* são menos interessados e mais violentos do que o pai biológico. A alta rotatividade de parceiros pode também gerar problemas psicológicos adicionais. É um tema para ser mais bem tratado em capítulos dedicados exclusivamente às covariatas pessoais e interativas.

Não obstante, considero importante mostrar essa relação já neste volume. Usei um indicador: *a proporção de domicílios chefiados por mulher sem companheiro e pelo menos com um filho de até 17 anos. Todas as correlações significativas seguem a direção prevista pela teoria. Quanto maior a participação de mulheres dirigindo famílias no município, mais alta a taxa de homicídios.* As correlações observadas variam muito, de 0,05 a 0,88, mostrando o quanto a associação entre famílias incompletas e as taxas de homicídio depende do contexto.

Tabela 12

Correlações *bivariatas*, por estado, entre a proporção de domicílios chefiados por mulher sem companheiro e com pelo menos um filho de até 17 anos e a taxa média de homicídios, 1996-2002

(por 100 mil habitantes, tendo os municípios como unidades de observação)

UF	Correlação	UF	Correlação	UF	Correlação
TO	0,05	PR	0,40	GO	0,77
SP	0,33	PI	0,18	ES	0,88
SE	0,14	PE	0,39	CE	0,54
SC	0,15	PB	0,37	BA	0,86
RS	0,50	PA	0,56	AP	0,77
RR	0,62	MT	0,27	AM	0,88
RO	0,50	MS	NS	AL	0,54
RN	0,14	MG	0,34	AC	0,86
RJ	0,48	MA	0,46	BR	0,38

Preditor: Proporção de domicílios chefiados por mulher sem companheiro e com pelo menos um filho de até 17 anos.
Notas: Dados ponderados pela população; correlações produto-momento.

Na análise que exclui os municípios sem homicídios, a relação permanece positiva e significativa, mesmo controlando nove outras variáveis. Esse resultado justifica a inclusão de indicadores da estrutura e das funções familiares na análise dos homicídios.

Um mesmo conceito *não* produz resultados iguais em contextos teóricos diferentes. Henry e Short (1954), por exemplo, tomavam a família no contexto de relações sociais mais intensas, que protegeriam mais os que tivessem relações familiares ou *quase*-familiares: casados, pessoas que viviam juntas, namorados etc., e não solteiros e sós. Esse efeito protetor explicaria porque Stack (2000) analisou 132 pesquisas de 1880 a 1995, concluindo que 78% delas mostravam que o divórcio *aumentava a probabilidade de suicídio.*

Esses resultados, porém, se encaixam em molduras teóricas muito diferentes: a análise de Henry e Short privilegia a solidão e sublinha os efeitos sobre o suicídio; muitos privilegiam o *controle social* e a quebra das regras, perspectiva mais fácil de ligar ao crime do que ao suicídio, mas que, tradicionalmente (desde Dürkheim) esteve ligada ao estudo do suicídio.

Contudo, não uso nenhuma das duas molduras. Parto do princípio de que o crime é *aprendido*. Vincula a família, num modelo de socialização das crianças e jovens, à transmissão de valores diferentes dos aprendidos com as gangues e os traficantes — ainda que alguns dos valores transmitidos por muitas famílias possam ser eticamente condenáveis. Acredito que muitas famílias transmitem uma versão própria da "Lei de Gerson", mas que fica distante da apologia do crime como maneira de viver — e de morrer.

O modelo, nessa perspectiva, soma zero: família, religião e escola competem com as gangues e os traficantes para produzir um resultado ponderado (cujos pesos não são ainda conhecidos). A família não está no bojo de uma teoria da frustração/agressão, nem no de uma teoria do capital social e da sociabilidade, nem na perspectiva da falta de regras, da *anomie*, mas de uma teoria da socialização e da aprendizagem na qual os agentes socializadores competem pelos jovens e adolescentes. Nessa perspectiva, a variável dependente é o crime e, não, o suicídio.

A religião

A religião tem demonstrado poderosa influência como instrumento de controle social, reduzindo o crime e a violência. Porém, há senões:

- essa afirmação não é válida para todas as religiões;
- mesmo entre as religiões que pregam o amor ao próximo e a paz, há seitas intolerantes que, direta ou indiretamente, provocam violências.

A influência da religião sobre o comportamento criminoso e a violência, Deus querendo, será objeto de estudo mais detalhado em um segundo volume de *Não matarás*. Muitos dos estudos sobre os efeitos da religião comparam pessoas mais ou menos religiosas, mas há *áreas* religiosas e áreas laicas, e muitas dessas diferenças, que são inicialmente quantitativas, podem gerar diferenças culturais. Neapolitan (1997) nota uma relação *negativa* entre a percentagem de muçulmanos e as taxas de homicídio. O trabalho tem o mérito de chamar a atenção para a religião como um fator relevante na análise do homicídio. Talvez seja seu único mérito. O autor não considera a tremenda variância entre as taxas de homicídio dos países cristãos em desenvolvimento. Menciona as conquistas, no caso do cristianismo, mas parece desconhecer que o Islã foi imposto através de conquista, *manu militari*, à maioria dos países islâmicos de hoje.

Essa reflexão nos leva a perguntar quais os determinantes da religiosidade e quais são as conseqüências. Um cuidadoso estudo de Kelley e Graaf (1997) usou dados do 1991 International Social Survey Programme, um *survey* de 15 países. Usando regressões não-lineares, os autores controlaram o nível de desenvolvimento econômico dos países, o grau de exposição ao comunismo, a religião específica do indivíduo, assim como seu gênero, idade e educação. Chegaram a três conclusões muito importantes para este estudo.

1. Pessoas que vivem em países religiosos abrigam crenças mais ortodoxas do que pessoas com as mesmas características que vivem em países laicos.
2. Em países seculares, a influência da família sobre as crenças religiosas das crianças é muito forte, mas a influência da nação é pequena.
3. Em países relativamente religiosos, a influência da religiosidade da família é menos importante na determinação das crenças religiosas das crianças do que o contexto nacional.

Esses três padrões valem para países ricos e pobres, para países com passado comunista e países democráticos há mais tempo, para jovens, maduros e idosos, homens e mulheres, pessoas com muita e com pouca instrução, católicos e protestantes. Ou seja, a influência da família sobre a religião e a religiosidade de seus membros *cresce* em países laicos, seculares.

Tabela 13

Correlações *bivariatas*, por estado, entre a percentagem da população que afirma ter religião e a taxa média de homicídios, 1996-2002

(por 100 mil habitantes, tendo os municípios como unidades de observação)

UF	Correlação	UF	Correlação	UF	Correlação
TO	– 0,28	PR	– 0,48	GO	– 0,26
SP	– 0,59	PI	– 0,13	ES	– 0,66
SE	– 0,18	PE	– 0,56	CE	– 0,63
SC	– 0,26	PB	– 0,54	BA	– 0,62
RS	– 0,33	PA	– 0,31	AP	(0,73)
RR	(0,43)	MT	– 0,33	AM	– 0,03ns
RO	(0,21)	MS	– 0,31	AL	– 0,34
RN	– 0,46	MG	– 0,48	AC	– 0,43
RJ	– 0,65	MA	– 0,32	BR	– 0,53

Preditor: Percentagem das pessoas que declararam ter religião.
Notas: Dados ponderados pela população; correlações produto-momento. Resultados semelhantes são obtidos eliminando os municípios com valor zero na taxa média de homicídios.

Os dados sobre as relações entre a percentagem de pessoas que têm religião na população e as taxas de homicídio confirmam, no seu conjunto, muitas pesquisas feitas fora do Brasil: a religião não-fundamentalista é uma barreira à violência. Das 27 unidades da federação, 23 apresentam correlações estatisticamente significativas nessa direção. Não obstante, três correlações seguem na direção oposta: Roraima, Rondônia e Amapá. Roraima e Amapá têm um número pequeno de municípios, mas Rondônia tem 52, requerendo um estudo de caso focalizado para explicar os desvios.

Rodney Stark e outros (1983), há um quarto de século, trabalharam o conceito de *integração social* numa perspectiva próxima da de Dürkheim. Usaram a mudança da população (*population turnover*) como indicador *negativo* da integração e adicionaram a taxa de filiação a igrejas, considerando o conjunto como indicador de controle social: menos mudança populacional e mais religião, mais controle social. Os autores tiveram acesso a dados históricos (censo de prisioneiros de 1910 e 1923), a dados sobre homicídios do Bureau of the Census e a contagens de membros de igrejas efetuadas em 1890, 1916, 1926 e 1936. Os resultados foram semelhantes aos encontrados usando dados da década de 1970, o que confirma a *estabilidade* da relação.

As variáveis sociodemográficas, a desintegração familiar e a religião (filiação formal, freqüência ou religiosidade) podem ser vistas como integrantes de um conceito maior, o controle social, que é um conceito relacionado especificamente com o estudo do crime e da delinqüência, e com um conceito sociologicamente mais amplo, a integração social, ou como variáveis de direito próprio, porque a cada uma delas corresponde um campo subdisciplinar com tradições teóricas e métodos próprios

As três podem ser estudadas tanto no nível agregado quanto no individual. Quando trabalhadas individualmente, seu impacto é muito claro. Mas trabalhá-las no agregado sugere, por exemplo, que o comportamento religioso de uns afeta o comportamento criminal de outros.

Gerações, coortes e grupos de idade

Há muitas dúvidas acerca de quanto a composição etária das populações contribui para a elevação das taxas de homicídio. O raciocínio parece simples e eficiente: os jovens adultos apresentam as mais altas taxas de homicídio, seja como vítimas, seja como assassinos; portanto, as cidades, regiões e países com maior percentagem de jovens adultos teriam, outras coisas sendo iguais, maior probabilidade de terem taxas mais altas. Mas as outras coisas não são iguais. A coorte de 15-29 anos não tem a mesma taxa de homicídios em diferentes países: muito pelo contrário, as taxas variam muito, regional e internacionalmente, o que sublinha a existência de efeitos contextuais. Pampel e Gartner (1995) afirmam que essa relação foi demonstrada em estudos de séries temporais nos Estados Unidos, mas que não se sustenta em comparações internacionais. Minha interpretação é de que as variações não-controladas — efeitos contextuais, disparidade na qualidade dos dados etc. — são mais acentuadas entre países do que em momentos diferentes do mesmo país.

É preciso distinguir três conceitos: geração, coorte e idade. Geração, sociologicamente, é um conceito menos definido por idade e mais definido por marcantes experiências comuns. Assim, houve nos Estados Unidos uma "geração da Depressão", que era jovem e estava entrando no mercado de trabalho quando se iniciou a Depressão. O mercado de trabalho se fechou e essa geração continuou sem obter emprego. Seus membros desenvolveram atitudes muito mais favoráveis à intervenção do Estado e muito mais socializantes do que os das gerações que a antecederam e das que vieram depois. Pesquisas de *survey* tomadas na época da Depressão mostram que a população próxima dos 20 anos era a que tinha atitudes mais radicais; 10 anos depois, em 1940, a mesma geração era a mais radical, mas já agora com 30 anos; 10 anos depois, em 1950, ela continuava sendo a mais progressista, mas dessa vez com 40 anos, e assim por diante.

Em Cuba, falava-se de uma geração da luta contra a ditadura de Machado. Certamente, em países como Argentina, Brasil, Chile e Uruguai, há uma geração "do regime militar". Dependendo do que defina uma geração como tal, as gerações podem diferir entre si no que tange à diferentes atitudes e comportamentos, inclusive à taxa de crimes, homicídios e suicídios.[41]

Coorte é um conceito diferente, estritamente definido pela idade, que também pode se relacionar com taxas de homicídio e de suicídio. A significação sociológica da coorte aparece quando se pensa em uma que seja muito grande para os recursos da economia. O ingresso de uma grande coorte no mercado de trabalho pode acarretar uma pressão excessiva sobre recursos escassos, com o conseqüente aumento do desemprego e do subemprego. Uma coorte muito grande também pode significar um peso considerável sobre os recursos educacionais.

Nos Estados Unidos, houve o chamado *baby boom*, resultado da alta taxa de natalidade no pós-guerra, um pequeno período durante o qual nasceram filhos e filhas cujo nascimento tinha sido postergado pela II Guerra Mundial. A entrada dessas crianças em idade escolar exigiu a ampliação do aparelho educacional, inclusive escolas, professores, bibliotecas etc., o mesmo se dando nas universidades anos mais tarde, quando os *baby boomers* chegaram à idade universitária. O fato de os *baby boomers* estarem, agora, próximos da aposentadoria significa também a promessa de desafogo na situação difícil de competição no mercado de trabalho americano, particularmente no mercado de trabalho qualificado.[42] Assim, uma coorte pode

---

[41] Observações não-sistemáticas indicam uma alta taxa de suicídios entre os que lutaram contra as ditaduras e sofreram perseguições e torturas.

[42] Antoon Leenaars e David Lester (1996:43-54) chegaram à conclusão de que o tamanho da coorte de 20-34 anos se associava positivamente com a taxa de suicídio dessa mesma coorte, mas que não tinha efeito sobre as mulheres nem sobre as taxas de homicídio.

ter implicações sobre a probabilidade de trabalho e a qualidade de vida *de outra*. Os *baby boomers*, quando saírem do mercado de trabalho, deixarão amplas faixas ocupacionais vazias, o que significa uma possibilidade de ascenso para aqueles que estão imediatamente abaixo, naquelas ocupações em que as pessoas podem galgar, progressivamente, diferentes escalões. Dá-se aí um "efeito vagão", pelo qual um puxa o outro.

As coortes não têm uma relação a-histórica com a violência e a criminalidade. A violência e a criminalidade das coortes tampouco aumentam ou diminuem no mesmo ritmo ou, até mesmo, na mesma direção.

Nos Estados Unidos, por exemplo, O'Brien e outros (1999), examinando as taxas de homicídio de 1960 a 1995, mostraram que a taxa de autoria de homicídios dos mais jovens aumentou, ao passo que a dos mais maduros diminuiu. Durante muitos anos, a relação entre idade e homicídio foi estável naquele país. A taxa da população de 14-17 anos era de 6,2 por 100 mil habitantes em 1984, e 10 anos mais tarde havia triplicado, atingindo 19,1. A taxa dos que estavam na faixa de 18-24 anos também aumentou, mas menos: de 15,3 para 25,3. Os jovens de 18-24 anos continuaram a constituir a faixa mais violenta, mas a distância que os separava dos mais jovens, de 14-17 anos, diminuiu. Já a taxa das pessoas com 25 anos ou mais diminuiu no mesmo período, passando de 6,3 para 4,7. Em termos relativos, os muito jovens, de 17 anos ou menos, passaram de menos violentos que a população de 25 anos ou mais, para muito mais violentos em apenas 10 anos.

O'Brien e outros contrariam a explicação mais aceita para essa mudança, que associa o crescimento à explosão do *crack* e das armas de fogo entre jovens, proposta por criminólogos como Blumstein, Cork e Laub, sugerindo que há efeitos que permitem explicar variações num prazo maior. O'Brien e outros (1999) usam a teoria das coortes para explicar essas mudanças e outras anteriores, entre 1960 e 1985, usando as mudanças nas características estudadas por essa teoria num período muito amplo, de 1915-1919 a 1975-1979. Os autores referem-se a Norman Ryder (1965), que argumentou que as coortes se moviam em dois eixos: o da idade e o do tempo em si. Não apenas em um, nem apenas no outro. Ryder insistiu em que coortes diferentes passam por experiências diferentes (o tempo) em momentos diferentes da vida (a idade), com efeitos marcadamente diferentes. Os autores, alicerçados em Ryder, enfatizam experiências que marcam as pessoas e cujos efeitos são duradouros. Ao mencionarem experiências amplas, que marcam os que as viveram, como a Grande Depressão ou a II Guerra Mundial, os autores se aproximam do conceito que uso neste livro de *geração*, cuja origem não é demográfica, e sim, sociológica.

Os autores afirmam, judiciosamente, que constatar a existência de um "efeito coorte" é uma coisa e explicar esse efeito é outra. Sugerem, com um certo viés economicista, que os períodos históricos nos quais as pessoas nascem e crescem oferecem "estruturas de oportunidades", cujos elementos propiciam tanto oportunidades quanto limitações aos que as experimentam. Como bons demógrafos, afirmam que essas estruturas de oportunidades também podem ser afetadas por variáveis classicamente demográficas, como o tamanho da coorte, a razão entre os sexos e a estrutura familiar. Lembram que dois desses elementos, tradicionalmente ligados à criminalidade, são o tamanho relativo da coorte e a estrutura da família.

Os autores não incluíram *valores* no eixo do tempo. Os valores mudaram ao longo da história. Os valores em cada momento diferem entre as idades e as coortes, e podem ajudar a entender a permanência de alguns comportamentos. A psicologia da teoria das coortes é tão pobre quanto é rica a sua demografia e a sua economia.

Os vários esquemas teórico-psicológicos que usam "etapas formativas" e conceitos semelhantes podem proporcionar hipóteses férteis: um deles inclui um *cluster* ético-valorativo do qual a religião faz parte. Hirschi e Gottfredson (1983), que chamaram a atenção de maneira vigorosa para a relação entre idade e crime, incorporam uma orientação baseada em etapas formativas ao proporem que as orientações criminosas e a falta de autocontrole se desenvolvem "nos primeiros seis ou oito anos de vida". Como esse seria um processo que involveria não apenas a idade, mas a cultura também, convém ser menos taxativo em relação à idade.

O'Brien e outros (1999) partem dos fundamentos lançados por Easterlin. Easterlin propôs que as coortes numerosas achatam os salários e produzem taxas mais altas de desemprego. O'Brien e outros, com um olho na explicação do crime, enfocam o tamanho relativo das coortes a partir do controle social. É fácil entender e ampliar suas associações: uma coorte numerosa onera as instituições de controle social que agem *contra* o crime, desde as escolas (que pioram de qualidade e reduzem os serviços e o grau de personalização possível desses serviços), passando pelas facilidades de recreação, esporte e lazer, pelos serviços sociais, pela polícia e pelas oportunidades de emprego. O próprio O'Brien, juntamente com Stockard e Isaacson (1999), mostra que as crianças de coortes numerosas crescem com mais crianças por adulto na família, mais crianças em cada classe, por pessoa que trabalha no serviço social. Esses traços não são insensíveis ao controle social e ao crime. Os dados sugerem que o tamanho relativo da coorte tem um impacto relativo sobre o crime, mesmo depois de controlada a idade e o período histórico. Uma das vias principais de acesso ao crime é a quebra da estrutura familiar. Essa afirmação se baseia na íntima associação entre criminalidade e filhos que crescem com pais e mães solteiros. Há uma ampla e crescente literatura que trata empiricamente dessa quebra e uma fértil gama de trabalhos teóricos que ligam a criação deficiente de crianças e adolescentes com níveis baixos de autocontrole e a adoção de respostas comportamentais criminosas. Outro tipo de teorização concentra-se em crianças e adolescentes do sexo masculino e enfatiza a presença paterna, que ditaria limites e impediria a formação de masculinidade compulsiva, especialmente aquela que se expressa em atos agressivos.

Parte do problema passa pela pobreza. O'Hare (1996) mostrou que 44% das crianças e adolescentes que viviam em lares com mulheres solteiras ou descasadas à frente estavam abaixo da linha de pobreza, em comparação com 8,3% das que viviam com pai e mãe.

A análise de coortes torna-se mais plausível quando feita em conjunção com uma análise econômica, seja dos grandes ciclos, seja de períodos de expansão ou de recessão. Uma coorte grande num período recessivo pode ser catastrófica. Sabe-se que o desemprego afeta as taxas de suicídio, o que salienta a utilidade da análise conjunta da coorte e da economia. A conjunção entre a análise da coorte e de fatores externos também pode ser feita a partir de variáveis sociais. O crescimento de uma coorte em uma época de aumento de divórcios e separações significa um número muito maior de crianças com um só responsável, em geral a mãe. Maximiza-se, assim, o efeito negativo da idade através de uma condição social e familiar que é sabidamente correlacionada com a delinqüência, o crime e o homicídio.

Subculturas regionais da violência e homicídio

As teorias de base geográfica tiveram um pequeno renascimento com o trabalho de Lester e Shephard (1998), que usaram as taxas de homicídio e de suicídio dos estados norte-americanos e as relacionaram com a longitude e a latitude das capitais desses estados, concluindo que tanto o suicídio quanto o homicídio aumentam gradualmente.

Em muitos países, as taxas de homicídio variam bastante de região para região. Essa variação, constatável empiricamente, requer explicação. A partir dessa constatação, os pesquisadores têm seguido dois caminhos: uns buscam explicações culturais, ao passo que outros seguem caminhos mais tradicionais, buscando correlatas socioeconômicas, variáveis de tipo não-cultural. Os primeiros buscam explicações vinculadas a conceitos como cultura ou subcultura da violência (mais antropológica), outros, ainda com o mesmo olhar, falam de "tipos" ou caracteres humanos, apelam para as relações entre cultura e personalidade, ao passo que os demais seguem explicações criminológicas mais tradicionais, econômicas e sociodemográficas. Como as regiões mais violentas do mesmo país, com certa freqüência, também apresentam taxas que estão longe da média nacional, para cima ou para baixo, em outras variáveis conhecidas (por exemplo, muito menos urbanizadas e industrializadas, muito mais pobres, com mais minorias desse ou daquele tipo) surge a questão sobre se, controladas essas variáveis, sobraria espaço para explicações do tipo cultural.

Nos Estados Unidos, dois criminólogos de boa reputação, Hackney[43] e Gastil,[44] publicaram trabalhos separados por dois anos nos quais enfatizam que o Sul teria uma cultura mais violenta do que as demais regiões. Essa explicação passou a ser conhecida como a hipótese de Gastil-Hackney e foi incorporada à criminologia americana. Essa incorporação se deveu em parte ao fato de criminólogos de peso, como Wolfgang e Ferracuti (1967), terem aberto o caminho teórico para ela.

Embora os estudos de Hackney e Gastil fossem empíricos e usassem regressões múltiplas, Colin Loftin e Robert H. Hill (1974) discordaram de suas medidas, repetiram os estudos e chegaram a conclusões muito diferentes. Na interpretação desses críticos, a hipótese de Hackney e Gastil teria sido assim equacionada: "a taxa de homicídios é função da cultura ou subcultura da violência, mais variáveis situacionais e mais fatores de ruído". As variáveis situacionais foram medidas de maneira convencional, e a cultural através da

---

[43] Hackney (1969:505-529) usou a taxa de homicídios de brancos e os estados como unidades de observação.
[44] Gastil (1971:412-427) usou a taxa total de homicídios e os estados como unidades de observação.

dicotomia baseada na localização geográfica Sul *versus* não-Sul. Os resultados mostram que as variáveis "estruturais" tradicionais tiveram sua influência confirmada e na direção esperada: mais educação, renda e urbanização, menos homicídio. Gastil usou a percentagem da população que era negra e a percentagem que era jovem (20-34 anos) e as duas se correlacionavam *positivamente* com o homicídio. Hackney usou uma dicotomia — estados que fizeram parte da Confederação Sulista — e Gastil usou um índice de "sulismo". Nos dois casos houve uma relação parcial clara e forte com as taxas de homicídio. Hackney explicaria 52% da variância e Gastil, 89%.

Porém, Dixon e Lizotte (1989) analisaram o conceito de subcultura da violência, usado para explicar o comportamento de grupos e regiões. Nos Estados Unidos, o conceito é aplicado para explicar por que o Sul, como variável, é mais violento que as demais regiões. Dixon e Lizotte começam com uma crítica: a violência que caracterizaria os membros da subcultura não é medida. Pela teoria, critério de pertencimento (morar, ter nascido, crescer numa subcultura violenta) bastaria. Afirmam, com razão, que as diferenças, entre indivíduos membros de uma subcultura, no grau em que aceitam e incorporam os seus valores são ignoradas, perdidas.

Passando para a questão da propriedade de armas, os autores comentam que o desenho das pesquisas que usam esse conceito (a violenta subcultura do Sul) supõe que todos os seus membros endossam essa subcultura e nenhum dos não-membros o faz. Os autores propõem que sejam usadas *duas* medidas, uma para medir se a pessoa pertence ou não a uma região *e* outra como medida direta dos valores violentos. Os autores desenvolveram essa medida, aplicando-a para explicar a propriedade de armas de fogo e o homicídio.

A noção de culturas ou subculturas violentas requer que elas apareçam em um momento, o que sugere uma dimensão histórica, e que tenham mecanismos de transmissão.

O uso do conceito de "região" requer que as variáveis que entram nesse conceito e que são úteis para a explicação de um fenômeno qualquer não esgotem a capacidade explicativa do conceito. Se esgotassem, o conceito seria supérfluo. Vários pesquisadores chegaram à conclusão de que o Sul dos Estados Unidos tem um efeito sobre as taxas de homicídio e de propriedade de armas de fogo que não desaparece quando todas as variáveis estruturais relevantes são controladas.

Kposowa e Breault (1993) fizeram uma pesquisa detalhada usando os municípios norte-americanos como unidades de observação. Os dados foram ajustados por idade no tempo. Kposowa e Breault procuraram responder as seguintes perguntas:

1. Os negros e o Sul dos Estados Unidos têm uma subcultura da violência?
2. A pobreza absoluta leva ao homicídio?
3. A pobreza relativa (desigualdade) leva ao homicídio?

Os autores encontraram alguns problemas e deficiências na revisão da literatura, particularmente uma ênfase excessiva nos ambientes urbanos e problemas de multicolinearidade. Muitos dos estudos realizados usam definições diferentes e unidades de observação também diferentes. Uns usam áreas metropolitanas, outros usam *counties* e outros ainda, estados. Quatro variáveis são colineares: a Região Sul, a percentagem de negros, a pobreza e a desigualdade. Vários estudos deixam de lado a desorganização social e se concentram exclusivamente nas covariatas estruturais.

Metodologicamente, havia sérios problemas nos estudos revistos: a multicolinearidade causa grandes erros-padrão e instabilidade na estimativa de parâmetros. Os VIFs (*variance inflation factors*) podem ser usados para corrigir isso, mas muitos não os usaram. Outro problema são as autocorrelações espaciais — se unidades vizinhas têm as mesmas taxas.

Os resultados mostram muitas interações. A principal conclusão dos autores é que os modelos que valem para os *counties* urbanos não valem para os rurais. Mas há outras: o fator Sul, por exemplo, só vale para os *counties* rurais; a percentagem de negros vale para os dois; a percentagem de índios vale para os rurais; a pobreza vale para os rurais; a desorganização social e familiar, medida pelo divórcio, vale para os dois; a densidade vale para os urbanos; a idade para os dois. A desigualdade medida pelo coeficiente de Gini só vale para os urbanos. E a percentagem de domicílios encabeçados por mulheres vale para os dois.

A comparação das matrizes de covariância revela que a encontrada nos urbanos não é invariante com a rural, sugerindo que as explicações são diferentes. Em seu conjunto de conclusões, a pesquisa de Kposowa e Breault salienta que as causas do crime e da violência são diferentes em zonas rurais e urbanas. Há muitas interações e especificidades, e qualquer tentativa de generalizar para todo o país, propondo uma "grande teoria", já parte com uma dose considerável de erros.

Land, McCall e Cohen (1990), em cuidadoso estudo que discutirei no capítulo metodológico, analisaram 11 covariatas estruturais e suas relações com as taxas de homicídios em 1960, 1970 e 1980, usando diferentes unidades de observação: cidades, áreas metropolitanas (SMAs) e estados. Minha leitura das 11 covariatas sugere que o tamanho da população, a percentagem de negros na população, a percentagem de divorciados na população, a percentagem de crianças e adolescentes que não vivem com os dois pais, e estar ou não no Sul dos Estados Unidos são as que sobreviveram à análise de maneira mais *consistente*. A densidade populacional, a percentagem da população na faixa de 15-29 anos, a renda média familiar, a percentagem de famílias abaixo da linha de pobreza, o coeficiente de Gini de concentração de renda e a taxa de desemprego apresentaram relações significativas apenas em alguns níveis e em alguns anos. Ou seja, as explicações mudam no tempo e de acordo com o nível de agregação.

Grandes regiões como África e América Latina já foram usadas em análises do crime e da violência. Seriam culturas violentas. Não obstante, a variância entre os países latino-americanos é muito grande. A taxa de homicídios das Américas era de aproximadamente 20 por 100 mil habitantes, mas, em meados da década de 1990, a média escondia diferenças de quase 20 vezes entre as taxas nacionais.

Tabela 15

Comparação entre as taxas de homicídio de alguns países latinoamericanos, segundo a Opas, meados da década de 1990

País	Taxa por 100 mil habitantes	Índice (Colômbia = 100)
Colômbia	87,6	100,0
Guatemala	47,0	53,7
Paraguai	20,3	23,2
Venezuela	18,5	21,1
Equador	18,0	20,5
Panamá	10,1	11,5
Cuba	8,4	9,6
Argentina	4,6	5,3

Fonte: "La violencia se ha convertido en una grave amenaza de salud pública en las Américas, dice la OPS". Washington, DC, 21-7-1997.

Há, claro, problemas derivados da grande variação na qualidade dos dados. Contudo, usando séries diferentes, baseadas em definições e fontes possivelmente diferentes, algumas conclusões se impõem:

- países em guerra civil, ou recém-saídos de uma guerra civil, têm altas taxas de homicídio;
- países com tradição de produção, refino, consumo e/ou transporte de drogas têm altas taxas de homicídio;

● as taxas dos países latino-americanos variam muito entre si, sendo a média entre eles uma violência estatística.

As taxas, além de variarem muito, têm outra característica: alguns países latino-americanos apresentam taxas de homicídio parcialmente aceitáveis. Em 1995, a taxa argentina *entre os jovens* era de 8,8 por 100 mil habitantes, *muito menor* do que a de acidentes de trânsito (23,8) e mais baixa, inclusive, do que a de suicídios (10,3 por 100 mil). A taxa de acidentes de trânsito por habitantes é de utilidade duvidosa (a ideal é calculada por milhagem rodada, sendo a melhor substituta a por 10 mil veículos).[45] A disparidade em relação à taxa citada na tabela 12, que era de 4,6, deve-se ao fato de se tratar de uma população *jovem*, cuja taxa é mais elevada do que a média nacional. A taxa de vitimização por homicídios entre os jovens ainda era moderada.

Outras séries, baseadas em dados secundários,[46] foram elaboradas por Edylberto Cabral Ramírez e Mayra Brea de Cabral (2003), da República Dominicana. Contando com apenas duas observações no tempo — 1980 e 1990 —, os autores mostram a grande disparidade entre as taxas de homicídio de diferentes países nos dois anos, o crescimento dos homicídios e, finalmente, o crescimento das disparidades. Em 1990, o desvio-padrão era de 23,75387.

Tabela 15
**Taxa de homicídios em alguns países latino-americanos,
1980 e 1990**

Países	1980	1990
Colômbia	20,5	89,5
Brasil	11,5	20,0
México	18,2	17,8
Venezuela	11,7	15,2
República Dominicana	9,3	12,0
Panamá	2,1	11,0
Equador	6,4	10,3
Argentina	3,9	5,0
Costa Rica	5,7	4,0
Uruguai	2,6	4,4
Paraguai	5,1	4,0
Chile	2,6	3,0
Desvio-padrão	6,12773	23,75387

Fonte: Baseado em Cabral Ramírez e Cabral, 2003.

---

[45] Dados de *La salud en las Américas, 1998*, v. II: Argentina.
[46] Publicados nos relatórios do Pnud (1998 e 1999) e da Cepal (1998).

Esses dados nos ensinam algumas coisas:

1. Vemos que, durante a conturbada década de 1980, a chamada década perdida, vários países aumentaram suas taxas; os três maiores incrementos se deram em países associados com o tráfico de drogas: Colômbia, Brasil e Panamá. Não obstante, o México, que é um país fornecedor de drogas, manteve o seu nível. É uma exceção. Argentina, Costa Rica, Uruguai, Paraguai e Chile se mantiveram em níveis baixos, mais baixos que o dos Estados Unidos nos dois anos observados. A crise afetou todos os países, embora tenha afetado uns mais do que outros. Porém, a reação à "década perdida" não foi uniforme. Alguns países tiveram grande incremento; outros, pequeno incremento e outros, ainda, uma pequena redução. Assim, é difícil usar a crise para explicar satisfatoriamente o crescimento da taxa de homicídios nos países latino-americanos. O que chama a atenção na tabela 15 é que os países com taxas mais baixas estão entre os que apresentavam nível mais alto de desenvolvimento social.

2. O desvio-padrão *aumentou* durante o período, muito influenciado pelo crescimento da taxa colombiana, o que significa que os países relacionados na tabela ficaram mais *diferentes* entre si.

3. A hierarquia dos países permaneceu no tempo: a correlação produto-momento de 0,76 é significativa no nível de 0,002 (*one tailed*), o que representa uma estabilidade razoável. Os países mais violentos em 1980 tendiam a ser os mais violentos em 1990.

Outra série, baseada diretamente nos relatórios nacionais, mostra que é grande a diversidade das taxas entre os países latino-americanos, mesmo após se retirar os países com taxas mais altas, como Colômbia e El Salvador, chegando a quase 3:1 entre a Venezuela, a mais alta, e a Costa Rica, a mais baixa. Essa série, que não foi trabalhada por um órgão central, mostra que as taxas de quatro dos cinco países eram mais baixas que a taxa dos Estados Unidos no mesmo ano, e uma, a da Venezuela, era um pouco mais alta, mas do mesmo nível de grandeza.

A comparação entre cidades confirma a variação encontrada entre os países: os dados para seis cidades, todas entre as maiores de seus países, quatro delas capitais, nos dá um mínimo de 7 por 100 mil, em Santiago, a um máximo de 112, em Cali.[47] A média não tem significação. O desvio-padrão é muito grande: 39,70.

Não há, pois, generalização satisfatória para cidades com taxas que variam tanto entre si. Ainda que outras fontes, que considero mais seguras, produzam uma taxa muito mais baixa para Cali, há cidades na América Latina com taxas superiores a 100 e outras com taxas inferiores a 10. É muita diferença para explicar com a mesma teoria, considerando que todas são metrópoles com mais de meio milhão de habitantes.[48] Não é, portanto, apenas a urbanização que determina a criminalidade e, em particular, o homicídio.

Tabela 16
Comparação de taxas de homicídio, cinco países latino-americanos, fim da década de 1980*

País	Ano	Total de homicídios	Taxa por 100 mil habitantes
Costa Rica	1990	139	4,6
Uruguai	1987	159	5,2
Chile	1989	773	6,0
Argentina	1989	2.720	8,5
Venezuela	1989	2.513	13,0

*Dados organizados por Eugenio Raúl Zaffaroni (1991).
Argentina: dados sobre homicídios fornecidos pelo Departamento de Estatísticas do Registro Nacional de Reincidência e Estatística Criminal do Ministério de Educação e Justiça.
Chile: *Anuario de Estadísticas Policiales 1989*, quadro 8: Delitos investigados por zonas policiales, según delitos, p. 24-25.
Costa Rica: dados sobre homicídios fornecidos pela Seção de Estatística do Poder Judiciário.
Uruguai: Dirección General de Estadística y Censos. *Anuario Estadístico 1989*. 1989, quadro 6.03.
Venezuela: Casos conocidos clasificados por tipo de delito. *Boletín de Estadística Delictiva 1980-1989*. Caracas, 1990. p. 12; Oficina Sectorial de Delictiva 1980-1989, Caracas, 1990. p. 12; Oficina Sectorial de Planificación y Presupuesto/ División de Estadística y Análisis/Ministerio de Hacienda.

A experiência latino-americana sugere que a urbanização é um fator importante na explicação dos homicídios, mas que é uma variável cujos efeitos são fortemente contextuais. Cidades do mesmo tamanho não têm taxas de homicídio semelhantes, incluindo cidades localizadas em um mesmo país. Há variáveis contextuais associadas com o país e também há variáveis contextuais associadas com a região.

---

[47] Número que já foi reduzido para cerca de 90. Há estudos que nos dão uma taxa muito mais baixa para Cali. Medellín tem uma taxa muito mais alta do que Cali.
[48] Dados apresentados em Instituto Apoyo, 1999.

Mas a média de cada país latino-americano esconde, por sua vez, diferenças impressionantes entre suas subdivisões espaciais — estados, províncias, departamentos etc., que serão trabalhadas a seguir. A média nacional permite diferenças internas cuja magnitude torna o seu uso de pouca utilidade. Do ponto de vista da estatística descritiva, a região é uma abstração no que concerne o homicídio. Esse fato reduz o poder da "cultura latino-americana", ou da "tradição ibero-americana", ou do "machismo latino-americano" na explicação do homicídio. Impõe também limites ao poder de explicação das variáveis econômicas globais. As séries de dados demonstram que nada há a respeito da América Latina, seja como cultura, seja como padrão institucional, que a condene a ter altas taxas de homicídios.

As covariatas estruturais e as variações espaciais em um mesmo país da América Latina

As relações entre as covariatas estruturais e as taxas masculinas de homicídio em Pernambuco foram detalhadamente estudadas por Maria Luiza C. de Lima, Edinilsa Ramos de Souza, Ricardo Ximenes, Maria de Fátima P. M. de Albuquerque, Jan Bitoun e Maria Dilma de A. Barros (2002). A pesquisa exemplifica as complexidades dessas relações. Em dois momentos, as relações estáticas produzem resultados contraditórios. Em 1991, a taxa de analfabetismo covariava *negativamente* com a taxa masculina de homicídos. Ou seja, Recife, que tinha a mais baixa taxa de analfabetismo, apresentava a mais alta taxa de homicídios; e o interior do estado, com a mais alta taxa de analfabetismo, tinha a mais baixa taxa de homicídios. Em 1980, a relação era curvilinear. A medida de pobreza (a percentagem da população com renda inferior à metade do salário mínimo) se relacionava *negativamente* com a taxa masculina de homicídios tanto em 1980 quanto em 1991. Evidentemente, concluir que o analfabetismo e a pobreza *diminuem* o homicídio vai de encontro a todas as expectativas teóricas e a muitas evidências no nível individual.

Não obstante, a desigualdade na distribuição de renda, medida pelo coeficiente de Theil, se relacionava *parcialmente* com a taxa masculina de homicídios (15-49 anos) na direção prevista pela teoria: nos dois anos, a taxa referente ao Recife era mais alta do que a das duas outras regiões e o Recife tinha uma taxa de homicídios consideravelmente mais elevada do que as outras duas regiões; porém, as diferenças entre as outras regiões não vão na direção esperada.

O rápido crescimento das taxas de homicídio masculinas no Recife foi bem descrito pelos autores:

Na década de 1980, houve crescimento mais elevado (390%) nas taxas de homicídios em Recife, capital do estado de Pernambuco. Na década de 90, o maior crescimento ocorreu na região metropolitana (68,5%), sugerindo disseminação da violência da capital em direção aos demais municípios da grande Recife. A tendência das taxas de homicídios apresentou comportamento de crescimento linear no interior do estado. Já na capital e região metropolitana, esse comportamento caracterizou-se por um crescimento exponencial.

Tabela 17

Relação entre três covariatas estruturais e taxas masculinas de homicídios, por regiões do estado de Pernambuco, 1980 e 1991

Região do estado de Pernambuco	Taxa mediana de analfabetismo		% de pessoas com renda inferior a 50% do SM		Coeficiente de Theil		Taxa masculina de homicídios (15-49 anos)	
	1980	1991	1980	1991	1980	1991	1980	1991
Recife	18,7	13,8	33,6	43,6	0,68	0,87	56,1	174,5
Demais municípios da Região Metropolitana	38,5	26,5	53,8	61,9	0,37	0,46	65,6	141,1
Interior	59,3	49,5	77,4	82,7	0,39	0,50	48,9	107,2

Fonte: Baseada em dados de Lima et al., 2002:462-469.

O estudo, baseado nos dados do local do falecimento, não poderia deixar de ter as deficiências dessa base de dados: em 2000, 35% das vítimas de homicídios residiam fora do município do Recife. Entraram no numerador do cálculo das taxas, mas a população das localidades nas quais residiam não entraram na base populacional. Os principais municípios do país recebem um número de vítimas de ocorrências localizadas *fora* deles, em outros municípios; em parte são pessoas que foram vitimadas em outros municípios e levadas aos hospitais da capital, onde morreram; em parte são pessoas que vivem em municípios-dormitórios, ao redor da capital, mas estudam, trabalham e se divertem na capital (ou em outros municípios maiores).

A experiência do Recife apóia as restrições às teorias que partem de uma teoria geral da sociedade, esticando-a para explicar os crimes e as violências. Essas teorias, distantes das teorias diretamente vinculadas ao que se quer explicar, sozinhas não dão conta do recado. Nas três regiões houve diminuição do analfabetismo e aumento dos homicídios; os níveis de pobreza não covariaram com as taxas de homicídio e somente o indicador de concentração de renda, o coeficiente de Theil, apresentou uma relação consistente com os dados observáveis.

El Salvador, um dos países mais violentos da América Latina, também apresenta ampla diversidade interna. Como vários outros países latino-americanos, El Salvador está dividido em *departamentos* — 14 no total. Os dados de julho de 1998 a maio de 1999 mostram altíssimas taxas de homicídio, mas muito variáveis — mais do que o quádruplo entre o departamento com taxa mais alta (Santa Ana) e o com taxa mais baixa (San Vicente). A média entre as municipalidades, de 64,4, é de pouco uso numa situação em que o valor mínimo é 15,1 e o máximo 145,6. O desvio-padrão, de 38,11137, indica grande variabilidade nas 14 municipalidades.

Tabela 18

Taxas de homicídios por 100 mil habitantes: El Salvador, julho 1998-maio 1999, por departamentos

Departamento	Taxa	Santa Ana = 100
Santa Ana	112,7	100,0
Sonsonate	101,1	89,7
Ahuachapán	78,5	69,7
La Paz	76,3	67,7
Usulután	72,3	64,2
La Libertad	62,6	55,5
San Salvador	59,5	52,8
La Unión	57,2	50,8
Cuscatlán	56,9	50,5
Cabañas	56,7	50,3
San Miguel	55,7	49,4
Chalatenango	55,2	49,0
Morazán	31,5	28,0
San Vicente	24,8	22,0
Mínimo: 24,8; máximo: 112,7; média: 64,4; desvio-padrão: 23,35		

Fonte: Dados da Fiscalía General de la República, coletados por Cruz et al., 1999.

O alto nível de violência em El Salvador deve ser entendido no contexto de um país que passou muitos anos numa interminável e violenta guerra civil, que deixou 1,5 milhão de armas em poder da população, de acordo com a Comissão Nacional de Segurança Pública. Dessas, menos de 500 mil são armas legais. Há outros legados importantes: um tremendo deslocamento social, uma estrutura produtiva — que já era pobre — destruída, uma alta taxa de desemprego e uma população com muitas pessoas acostumadas a matar e a ver morrer. Em El Salvador não se trata apenas de reconstruir o Estado, mas de reconstruir a economia e a sociedade também. Recentemente, cresceram grupos criminosos de jovens, as *maras*.

No México também se observa uma grande disparidade interna. Em 1992, as taxas variavam de 3 em Yucatán a 57 em Guerrero.[49] O México é um país importante para minha afirmação de que há muita variância interna não apenas entre os países latino-americanos, mas também *dentro* deles porque, a despeito de profundas desigualdades étnicas e sociais e da urbanização vertiginosa, as taxas de homicídio cresceram lentamente. Citando López e outros (1996):

> *En México la tasa de muerte por homicidio ha pasado de 17.5/100.000 habs. en 1979 a 19.1/100,000 habs. en 1992, constituyendo la primera causa de muerte dentro del capítulo de lesiones accidentales e intencionales y la primera en la población en edad productiva.*

Outro estudo mexicano, sobre o estado de Jalisco, realizado por Vega-López e outros (2003), confirma a considerável variação entre as taxas de homicídio de diferentes regiões do mesmo estado: de 4,4 a 28,3 em 1989-1991; de 4,2 a 28 em 1994-1996; e de 3,4 a 15,2 em 1999-2000. Ou seja, as diferenças entre as máximas e as mínimas foi de 6,4, 6,7 e 4,5 vezes nos três períodos. A *estabilidade* da ordenação das regiões é clara: nos três períodos, a mais violenta foi a Sudeste; a menos violenta nos dois primeiros foi Altos Norte, a segunda menos violenta em 1999-2000, quando Ciénega foi a menos violenta de todas.

Um excelente estudo sobre o Rio de Janeiro, realizado por Szwarcwald e outros (1999), confirma a variância interna entre as regiões administrativas e sugere o efeito de macrocovariatas. Os autores subdividiram

---

[49] López et al., 1996.

o estado em 24 regiões administrativas (RAs), devido à inexistência de dados sobre a residência da vítima em duas das 26 RAs. Adaptaram alguns indicadores de desenvolvimento social e usaram como variável dependente a taxa média trienal (1990-1992) masculina de 15-29 anos. Com isso, controlaram a influência do gênero e da idade, ambas consideráveis, mas concentraram a análise num subconjunto da população com alta taxa de vitimização. O que vale para esse grupo pode não valer para outros grupos de gênero e de idade. Os resultados bivariatos mostram que a taxa de homicídios se correlaciona na direção esperada pela teoria.

Gráfico 22

Correlações entre vários indicadores econômicos e sociais e a taxa masculina de homicídios na faixa etária dos 15-19 anos: 24 regiões administrativas do Rio de Janeiro, 1990-1992

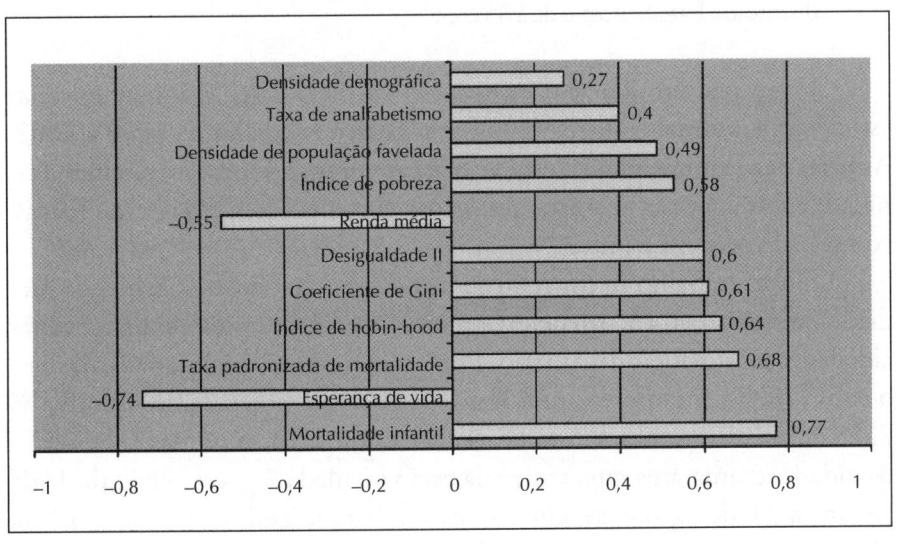

Há muitas correlações substanciais. As marcadas em negrito são correlações *negativas*: por exemplo, quanto mais alta a renda média, mais baixa a taxa de homicídios. Muitas das variáveis usadas como "preditoras" se correlacionam altamente entre si, o que é agravado pelo baixo número de observações. Para selecionar entre elas, os autores fizeram uma regressão por etapas, à qual sobreviveram o Índice de Robin Hood (p < 0,001) e a densidade de população favelada (p < 0,11). Essa pesquisa confirma o que foi encontrado em diversos (mas não em todos) estudos: que a *desigualdade* na distribuição de renda e de outros bens é uma das macrocovariatas que tem impacto mais consistente sobre a taxa de homicídios (talvez particularmente sobre as taxas de homicídio de homens jovens). O fato de essa relação às vezes *não* ser estatisticamente significativa sublinha seu caráter contextual, sem negar a norma mais geral. As macrocovariatas estão mais associadas com as taxas de homicídio *no interior* de cidades e áreas metropolitanas do que *entre* cidades, áreas metropolitanas, municípios, estados ou países.

Recentemente, Gawryszewski e Costa (2005) analisaram o município de São Paulo, confirmando a grande variação nas taxas de homicídio das "melhores" para as "piores" áreas:

> Em relação às taxas de homicídios, a diferença entre o menor valor (3,6/100.000 habitantes, no distrito de Jardim Paulista) e o maior valor (106,3/100.000, no distrito de Parelheiros) é de 28 vezes.

É um padrão que se observou em várias cidades latino-americanas estudadas. Cardona e outros (2005) estudaram Medellín de 1990 a 2002. As taxas de vitimização dos residentes na *comuna* com taxas mais altas, Trinidad, eram 25 vezes maiores que as das comunas com taxas mais baixas, como La Esperanza e outras.[50]

Outro trabalho se concentrou numa comuna violenta acima da média — a Comuna 13. Medellín figurou, durante muitos anos, entre as cidades mais violentas do mundo. Porém, como demonstraram Cardona e outros (2005), mesmo em uma das cidades mais violentas do mundo, há diferenciações internas substanciais. A Comuna 13, uma das localidades da cidade, é uma área cuja violência está vinculada à guerra civil: de 1º de janeiro a 31 de agosto de 2002 houve 373 homicídios. A taxa anual da Comuna 13 foi de 434 por 100 mil, o dobro da taxa da cidade de Medellín e seis vezes a média nacional colombiana.[51] Não obstante, a relação com a guerra civil é clara:

---

[50] Esse estudo proporciona muitas informações que se coadunam com o que se averiguou no Brasil.

[51] Observatorio de Derechos Humanos de la Vicepresidencia de la República, 18 oct. 2002.

(...) *la Comuna 13 de Medellín tiene gran presencia de milicias de las Farc, combatientes del ELN, grupos ilegales de autodefensas y bandas delincuenciales. Los combates entre las milicias urbanas y los grupos ilegales de autodefensa, desarrollados a partir de 1999, se han dado principalmente en los barrios Blanquizal, Nuevos Conquistadores, Belencito, El Corazón, 20 de Julio y San Javier.*

Comparando os dados dos dois estudos, chega-se à hipótese de que a guerra civil aumenta a taxa de homicídios comuns, mas outros fatores podem ser mais relevantes, entre eles a droga e a disponibilidade de armas de fogo.

4

ALGUMAS QUESTÕES DE MÉTODO

O estudo dos homicídios enfrenta difíceis problemas metodológicos. O pesquisador sério não ignora esses problemas, nem pode publicar os resultados de suas pesquisas sem salientar que os problemas metodológicos podem comprometer esses resultados. Alguns desses problemas têm a ver com a má qualidade dos dados. Seus efeitos sobre os resultados aparecem com maior clareza quando há mudanças, para melhor ou para pior, na qualidade dos dados coletados. Os pesquisadores precisam estar atentos às definições usadas pelas organizações que coletam e organizam os dados.

Os dados sobre a violência no Peru exemplificam alguns dos problemas que surgem devido à má qualidade dos dados e à inconsistência entre as fontes. No Peru, como em vários outros países, há mais de uma fonte sobre crimes e mortes violentas: as baseadas na polícia e em secretarias de segurança (no caso peruano, dados da Dirección de Información da PNP — División de Estadística, Policía Nacional del Peru) e em secretarias e ministérios da Saúde (División de Estadística, Ministerio de Salud). A primeira trata dos crimes que chegam ao conhecimento da polícia e a segunda das mortes e, no que nos interessa, das causas externas.

A cobertura é diferente: a PNP apresenta dados nacionais, por *departamentos* (a divisão territorial mais próxima dos estados brasileiros) e pela Área

Metropolitana de Lima. Os dados começaram a ser coletados em 1973, mas os critérios mudaram drasticamente. O Ministério da Saúde trata de mortes por causas externas, mas os dados de qualidade estão concentrados na Área Metropolitana de Lima. Esses dados têm sérios problemas de subenumeração. Em 1988, três instituições policiais diferentes foram integradas em uma só, o que afetou as estatísticas, que, a partir de 1992, tiveram sua cobertura ampliada, porque até 1991 somente os crimes que chegavam a ser investigados entravam nas estatísticas. O resultado afetou os dados sobre homicídios (gráfico 23).

Gráfico 23
Efeito da melhoria da cobertura dos dados sobre taxas de homicídio por 100 mil habitantes: Peru, 1990-1993

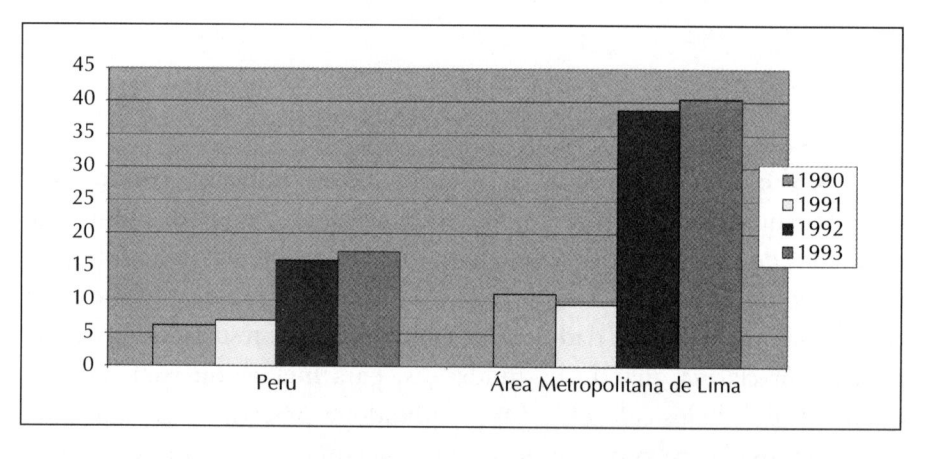

Quando os dados da polícia passaram a incluir *todos* os homicídios e não apenas os que eram investigados, as taxas aumentaram 134% no país e 313% na Área Metropolitana de Lima. Quem não conhece esse detalhe pode pensar que algum fator extraordinário ocorreu no Peru a partir de 1992.

As diferenças entre a PNP e o Ministério da Saúde são enormes, indicando que o Estado peruano tinha um nível precário de desenvolvimento cívico e organizacional e que ainda não acordara para a importância da informação, em geral, e das estatísticas sobre o crime e a violência, em particular, como armas para combatê-los.

Isso não significa que os dados peruanos tenham utilidade zero. Os dados mais completos (PNP a partir de 1992) sugerem uma diminuição na taxa nacional de homicídios que ainda podia ser observada em 1998.

Viver em um lado, matar e morrer no outro

Há três dados espaciais sobre os homicídios que se aplicam à vítima e dois que se aplicam ao assassino. As vítimas têm um local de residência, o local da ocorrência e o local da morte. Os três não são necessariamente iguais. Muitas pessoas residem em um lado, são feridas em outro e falecem num hospital, em um terceiro. Já o assassino apresenta dois referenciais espaciais: o local de residência e o local do crime, da ocorrência. Os dois têm em comum o local do crime.

No Brasil, os dados do SIM fornecem importantes informações a respeito do local de residência e do local de falecimento. Os dados da polícia fornecem informações a respeito do local da ocorrência. Os dados do SIM, referentes a 1997, mostram que 21,5% dos falecimentos por homicídio[52] ocorreram em um município *diferente* do de residência. Este é um problema que afeta principalmente as áreas metropolitanas.

A formação de grandes áreas metropolitanas que não obedecem às antigas divisões administrativas em municípios gerou novos problemas para a criminologia. O Distrito Federal, por exemplo, reproduz uma situação que também caracteriza outras metrópoles latino-americanas: faz parte de uma vasta área metropolitana, que se estende além dos limites da cidade (e, no caso do Distrito Federal, da unidade da federação), chamado de *o entorno*.[53] Há no entorno cidades que pertencem a dois estados, Minas Gerais e Goiás, particularmente a este último. Parte considerável do entorno funciona como dormitório para uma população que trabalha e se diverte no Distrito Federal.[54] O crescimento demográfico do entorno é explosivo (5,8% entre 1991 e 1996), muito mais alto do que o do Distrito Federal, também considerado alto. Diferentes projeções informam que a população do entorno superará a do Distrito Federal em poucas décadas; a hipótese média nos diz que a superação se dará em 2025. Em 2000, havia aproxi-

---

[52] Aqui definidos apenas pela categoria "tipo de violência".

[53] Há pelo menos duas definições de "entorno": o entorno legal inclui um grande número de municípios, alguns dos quais localizados a mais de 300 km do Distrito Federal; outra definição, mais restrita, inclui apenas os municípios adjacentes ao Distrito Federal.

[54] A diversão se concentra nos fins de semana e nos horários noturnos, quando ocorre alta percentagem de homicídios e crimes.

madamente 1,2 milhão de pessoas vivendo no entorno. Parte significativa dessa população trabalha no Distrito Federal. Uma estimativa grosseira, baseada em cálculo feito pelo Ministério do Trabalho, nos diz que a força de trabalho no Distrito Federal é de 900 mil pessoas. Porém, a Pesquisa de Emprego e Desemprego (PED) só encontrou cerca de 700 mil residentes no Distrito Federal que integram a força de trabalho, o que deixa 200 mil por explicar, possivelmente residentes no entorno.

O entorno acarreta um problema metodológico sério: seus residentes entram nas estatísticas da Secretaria de Segurança do Distrito Federal como vítimas e como homicidas, mas não entram na base populacional. Entram no numerador, mas não no denominador da violência e dos problemas sociais. O entorno responde por 27% das crianças e adolescentes encontrados nas ruas do Distrito Federal — residem no entorno, mas são computados como meninos de rua no Distrito Federal. Evidentemente, também há um movimento populacional na direção oposta, mas, como os centros de emprego, educação, atendimento médico e diversão estão no Distrito Federal e não no entorno, o movimento do entorno para o Distrito Federal é mais volumoso.

A formação de metrópoles e megalópoles traz novos problemas para o pesquisador: as populações já não passam a quase totalidade das horas de sua vida na unidade político-administrativa de residência, em geral uma cidade. Eles vivem numa cidade e trabalham noutra; às vezes se divertem em uma terceira. Um cálculo mais detalhado computaria o *número de horas* passadas em cada unidade, possivelmente especificando-as segundo o tipo de atividade. Essa especificação é importante a partir dos supostos intuitivos — parte da teoria dos encontros — de que ninguém pode assaltar ou ser assaltado onde não está e de que a probabilidade de ser criminoso ou vítima num local aumenta com o tempo nele passado. Nessa metodologia, às cidades-dormitório, às quais são hoje creditadas a totalidade da população que nelas reside, seriam creditadas apenas uma fração do total das horas vividas por essa população.

Empiricamente, estudei o impacto do entorno que foi medido de duas maneiras:

- a condição de RA limítrofe ao entorno, uma variável *dummy* — não tem limite/tem limite;

- a proximidade da principal área habitada do limite com o entorno — não tem limite/tem limite, área distante do entorno/tem limite, área habitada próxima do entorno. Esse pequeno detalhamento pode ser útil porque o limite é um conceito geográfico e os fenômenos de que tratamos são populacionais.

A vizinhança em relação ao entorno capta, imperfeitamente, várias "noções":

- a proximidade favorece o deslocamento populacional na direção do entorno para a RA e, portanto, aumenta sua base populacional e a probabilidade do incremento absoluto do número de homicídios, *sem aumentar o denominador populacional sobre o qual se computam as taxas de homicídio*;
- a proximidade favorece o deslocamento populacional na direção do entorno para a RA, aumenta sua base populacional e, conseqüentemente, intensifica a pressão sobre recursos limitados, inclusive ocupacionais, educacionais, policiais, hospitalares etc., o que afetaria negativamente a população da RA, predispondo-a a atos violentos;
- o entorno representa uma subcultura mais violenta, e a interação com ela aumenta a probabilidade de a população da RA cometer atos violentos;
- a proximidade do entorno significa também maior distância do centro do Distrito Federal, onde são tomadas as decisões sobre a alocação de recursos, seja no nível estadual (DF), seja no nível federal. Levanta-se a hipótese de que a proximidade dos centros decisórios aumenta a probabilidade de obtenção de recursos e de que esses recursos diminuem a probabilidade de atos violentos.

Evidentemente, essas "noções", mesmo se elevadas à categoria de hipóteses, não podem ser empiricamente distinguidas umas das outras porque seus indicadores são os mesmos. Para distingui-las seria necessária uma pesquisa primária que usasse indicadores diferentes e mais adequados.

As duas medidas de proximidade do entorno se correlacionam positivamente com a taxa de homicídios: quanto mais próxima a região administrativa, mais alta a taxa. Essa associação resiste à introdução de uma série de controles. Dados recalculados dos fornecidos pelo Datasus permitem visualizar a relação entre residência e ocorrência, que, como no caso descrito antes, é assimétrica.

Gráfico 24
Local de residência e de falecimento das vítimas de homicídio, por períodos de tempo: Minas Gerais e Distrito Federal

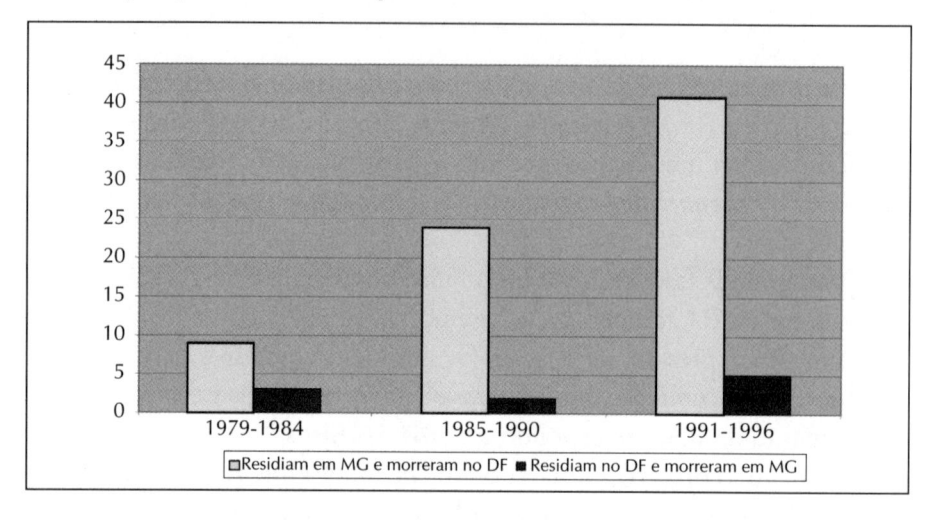

Gráfico 25
Local de residência e de falecimento das vítimas de homicídios, por períodos de tempo: Goiás e Distrito Federal

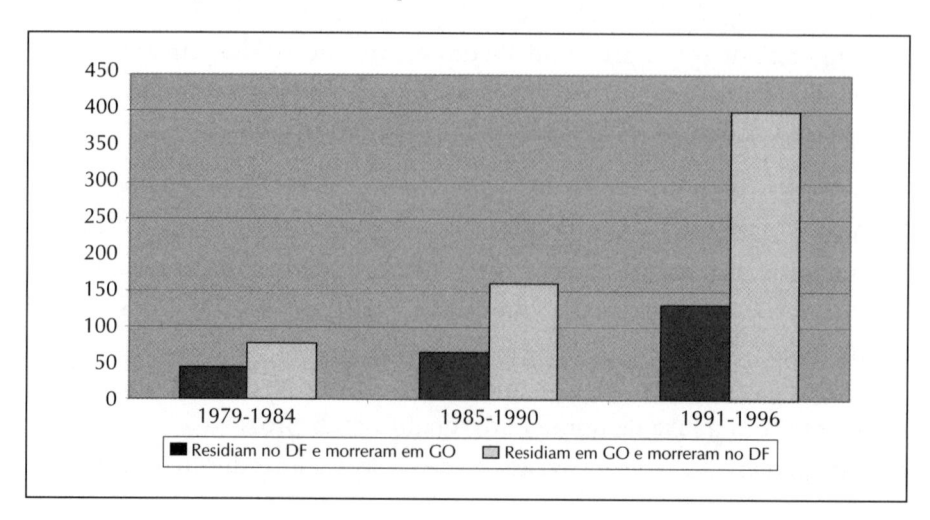

O impacto da proximidade dos municípios mineiros, com 220 mil habitantes, pode ser aquilatado graficamente. O fato de o número de residentes em municípios mineiros que morrem por homicídio no Distrito Federal ser consideravelmente maior do que o de residentes no Distrito Federal que morrem por homicídio em Minas Gerais significa que o movimento é maior na direção de Minas Gerais para o Distrito Federal. Assim, nos três períodos analisados — 1979-1984, 1985-1990 e 1991-1996 —, o total dos primeiros excedeu em muito o total dos últimos.

Em 1996, a população dos municípios goianos incluídos no entorno legal chegava a 690 mil. Nesse caso também se verifica o mesmo fenômeno observado nos municípios mineiros do entorno: o número de residentes goianos que morrem por assassinato no Distrito Federal é muito maior do que o de residentes do Distrito Federal que morrem assassinados em Goiás; no último qüinqüênio analisado, o número dos primeiros foi aproximadamente três vezes maior que o dos últimos. Isso não significa, obrigatoriamente, que a ocorrência (o tiro, a facada etc.) tenha se dado no segundo estado. Em muitos casos, a pessoa reside em um estado, é atingida no mesmo estado, mas é levada para um hospital localizado no outro estado. Esses deslocamentos são muito mais comuns entre municípios vizinhos, sendo em geral a direção do município menor para o maior.

Esses dados confirmam que o entorno não pode ser ignorado nas análises da criminalidade, em geral, e do homicídio, em particular, do Distrito Federal.

Os dados do SIM, mas não os dados policiais fornecidos à Secretaria Nacional de Segurança Pública (Senasp), possibilitam separar as vítimas de homicídios residentes e não-residentes. Em alguns estados, a proporção dos homicídios ocorridos na capital cujas vítimas residem fora dela atinge altas percentagens (tabela 19).

Em Vitória, uma das cidades brasileiras com mais alta taxa de homicídios por 100 mil habitantes, nada menos que 42% das vítimas moravam *fora* do município. Quando se incluem esses 42% no total, aumentam-se, artificialmente, os dados relativos ao município de Vitória e diminuem-se, artificialmente, as taxas dos municípios próximos, de onde provém essa população.

Tabela 19
Peso dos não-residentes nas estatísticas
Percentagem das vítimas de homicídios que morreram nas capitais
estaduais, mas residiam em outros municípios, 2000

Capital	Estado	% do total de vítimas
Vitória	ES	42
Natal	RN	39
Recife	PE	35
Goiânia	GO	31
Aracaju	SE	30
Curitiba	PR	26
Porto Alegre	RS	26
Maceió	AL	20
Palmas	TO	20

Fonte: SIM/Datasus.
Elaboração: CESeC/Ucam, sob minha orientação.

São poucos os casos em que o número dos que residem na capital e morrem em outros municípios é: a) significativo; e b) maior do que o dos que moram em outros municípios e morrem na capital.

Em Boa Vista (RR), 36% das vítimas de homicídios residiam na capital, mas não morreram na capital; em Rio Branco (AC), 19% e, em Manaus, 10%. As estatísticas de vitimização por homicídio dessas cidades foram artificialmente reduzidas. A informação pode ser melhorada, com benefício para as autoridades policiais e de saúde. Ela deve diferenciar claramente entre:

- local de residência do(a) falecido(a);
- local de ocorrência do crime;
- local de falecimento da vítima.

Fornecidas de maneira individualizada, essas informações podem ser diferenciadas e permitir um cálculo mais preciso das taxas. Além disso, é necessário tomar cuidado com o registro de mortes hospitalares, pois, em vários estados do país, as vítimas de violência (homicídios, suicídios, acidentes) são levadas para hospitais e centros de trauma de referência freqüentemente localizados nas capitais estaduais e em outros centros populacionais, onde parte dos removidos falece. Estatísticas baseadas no local do falecimento, incluindo o hospitalar, em detrimento do da ocorrência, aumentam artificialmente as taxas dos locais onde os hospitais estão situados.

Evidentemente, caso minha hipótese seja válida, deve-se encontrar uma correlação *negativa* entre o saldo de mortos computados pelas secretarias de Segurança Pública ou pela polícia *menos* os mortos computados pelas secretarias de Saúde. Onde os números da Saúde forem mais altos, deve haver mais hospitais, indicando que parte das pessoas que morreram no município foram vitimadas em outros municípios; onde os números da Secretaria de Segurança (e/ou da polícia) forem mais altos, isso significa que as autoridades do município, particularmente as policiais, registraram crimes cujas vítimas foram transportadas para outros municípios e lá morreram. Como não morreram nos municípios onde foram vitimadas, as secretarias de Saúde desses municípios não registraram suas mortes.

Os municípios que recebem feridos são, em média, maiores e menos numerosos do que os municípios que enviam feridos para outros municípios.

Tabela 20

**Comparação entre dados do SIM e da Polícia Civil:
Rio de Janeiro, 2000**

	SIM	Polícia	Diferença	População total	Número de municípios	População média
Polícia maior que SIM	2.173	2.957	784	5.335.550	60	88.926
Polícia igual a SIM	3	3	0	16.027	2	8.014
Polícia menor que SIM	5.856	5.418	438	8.997.930	10	899.729

Fontes: SIM/Datasus e Pcerj.
Elaboração: CESeC/Ucam, sob minha orientação.

A tabela 20, referente ao Rio de Janeiro, confirma o que encontrei em outros estados: os municípios nos quais os dados da polícia apresentam totais mais elevados do que os do SIM são mais numerosos (60 contra 10), mas têm população menor (na média, 10 vezes menor).

Isso significa que o cômputo baseado nos dados do SIM penaliza os municípios maiores, elevando artificialmente o número de mortos. Usar apenas os dados dos que morrem no município de residência retira a população espacialmente móvel, que talvez tenha taxas de vitimização mais elevadas do que a não-móvel, dos cômputos, introduzindo um viés. Para melhorar esses dados é necessário:

- ter acesso aos dados por *municípios*;
- ter acesso tanto aos dados do SIM (por local de ocorrência do *óbito*) quanto aos dados da polícia (por local de ocorrência do *crime*);
- ter acesso aos dados sobre a população dos municípios;
- integrar esses dados em uma mesma base.

Como esse conhecimento pode ser útil? Saber que municípios têm um maior volume de vítimas transportadas para *outros* locais pode justificar a construção de centros de trauma e/ou hospitais nesses municípios, particularmente centros de trauma especializados no tratamento de feridos a bala. Outros dados, sobre a duração média da remoção e do atendimento dos feridos, podem justificar medidas como equipar ambulâncias para extensos tratamentos de emergência para os tipos de ferimentos mais comuns. Essas opções não podem ser resolvidas intuitivamente: um "centro ambulante de trauma" é muito mais caro do que uma ambulância comum. O que salvaria mais vidas? Um número menor de ambulâncias equipadas para iniciar o tratamento ou um número maior de ambulâncias comuns?

A acuidade dessas informações permitiria melhorias dramáticas. Atente-se para o fato de que recalcular as taxas de Vitória levando em consideração apenas as vítimas residentes diminuiria em 42% o numerador.

Medidas como essas reduziriam as distorções, mas não as eliminariam. A vítima é apenas um dos termos da equação. Falta o autor. As taxas de uma região (estado, área metropolitana, cidade ou bairro) podem ser artificialmente aumentadas quando os autores de homicídios residem fora dela. Como a taxa de resolução de homicídios no Brasil é baixa, sendo baixíssima em alguns estados e cidades, mesmo se tivéssemos a informação dos homicidas apreendidos — o que não temos — ainda teríamos os vieses provocados pelos homicidas não-apreendidos.

Um estudo cuidadoso realizado no estado de Minas Gerais confirma a existência de superenumeração nas grandes cidades e subenumeração nas pequenas nos dados do SIM, que podem ser complementados com dados da PMMG.[55] Os autores estimam em 20% essa superenumeração nas cidades com população acima de 200 mil habitantes.

Maria Helena Mello Jorge (1990), uma das mais dedicadas estudiosas das estatísticas de mortalidade no Brasil, sublinhou que, no estado de São Paulo, um dos estados brasileiros com melhor organização estatística, a informação muitas vezes existe numa fonte básica, como o IML, mas não é passada para as instituições que organizam e analisam as estatísticas, como a Fundação Seade. Vale a pena citá-la extensamente:

> (...) a comparação IML/SEADE, sem levar em conta a opinião do investigador, mostrou valores de 39,28% e 74,75% (respectivamente para categoria e agrupamento), tornando clara a idéia inicial de que a informação enviada à instituição responsável pelas estatísticas oficiais é incompleta, permitindo uma codificação da causa, muitas vezes, somente nas categorias residuais. Isso é o que se verifica, por exemplo, nos casos de "atropelamento", onde o IML, ao preencher a Declaração de Óbito, coloca somente a informação de que se trata de "acidente de trânsito sem especificação" (categorias diferentes, mas pertencentes ao mesmo agrupamento da CID-9ª Revisão). O mesmo fato ocorre com relação aos homicídios, para os quais o IML, tendo capacidade para detalhar a informação (fornecendo a modalidade ou meio pelo qual o homicídio foi cometido), preenche a Declaração somente com o termo genérico "Homicídio" (codificação em categoria residual) (...) Esses casos ilustram o que já foi dito anteriormente de que o IML não fornece ao SEADE dados completos sobre cada caso, nem este vai àquela instituição em busca do detalhamento desejável. Esse fato gera um acúmulo de casos nas categorias residuais (em nível de terceiro dígito), mas as diferenças tendem a se minimizar quando se trabalha em nível de agrupamento.

Para se chegar a um nível mais detalhado de conhecimento, é preciso clarificar o terceiro dígito. Não basta falar em mortos no trânsito: cumpre saber se foram atropelamentos, colisões com outros veículos, capotamentos etc. Essas são algumas considerações a respeito da qualidade

---

[55] Ver Castro, Assunção e Durante, 2003:168-176.

de nossas estatísticas, particularmente das taxas de homicídio por 100 mil habitantes.

Um trabalho interessante, realizado no Espírito Santo, apresenta dados de *quatro* fontes diferentes: da Polícia Militar, da Polícia Civil, do SIM e uma elaboração própria do Movimento Nacional de Direitos Humanos (MNDH), que usa o Banco de Dados sobre Violência (BDV). O BDV utiliza dados da imprensa e a razão específica disso são as "dificuldades de se trabalhar com fontes oficiais na maioria das unidades da federação".[56] Esse trabalho, em sua tabela 1, documenta a disparidade entre as fontes: a Polícia Civil anota cifras em geral superiores às do SIM, mas próximas. Estas, por sua vez, são consideravelmente maiores do que as da Polícia Militar, que, em 1994-1996, foram mais elevadas do que as do BDV, mantendo-se em patamar semelhante a partir de então.

Gráfico 26
Total de homicídios, segundo a fonte: Espírito Santo, 2000-2002

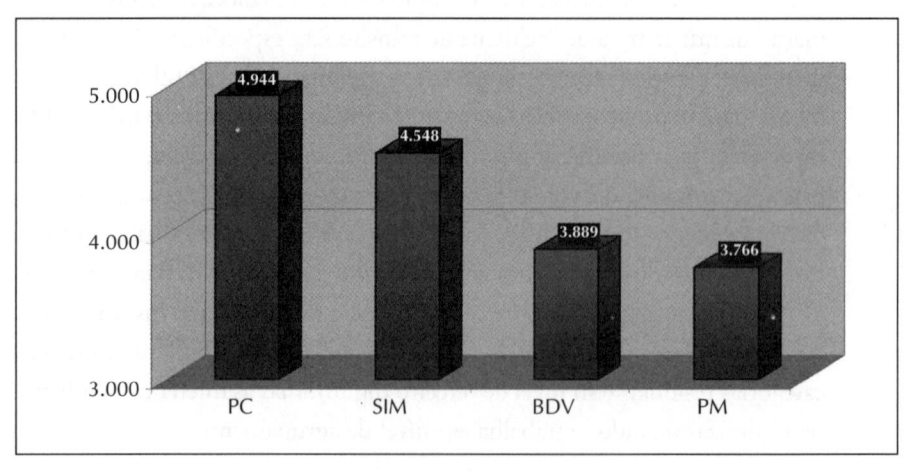

As diferenças entre as fontes oficiais são muito grandes para serem aceitáveis. É claro que o sistema estatístico de coleta de dados é deficiente no estado, particularmente o da Polícia Militar. Um em cada quatro homicídios registrados pela Polícia Civil não é registrado pela Polícia Militar.

---

[56] Caracoche, 2004:5.

Por sua vez, os dados do SIM (que depende das secretarias estaduais de Saúde), que incluem várias mortes como homicídios que são excluídas do cômputo pela PC e pela PM, apresentam totais *inferiores* aos da Polícia Civil. Como na maioria das unidades da federação, a imprensa noticia apenas uma subestimativa, que não é aleatória. Não obstante, é a única disponível, segundo Ana Caracoche.

As tentativas de gerar dados mais confiáveis através de uma recontagem cuidadosa usualmente mostram que os erros são numerosos. Em 1997, na Argentina, o Ministério da Justiça ordenou que a Dirección de Política Criminal efetuasse uma recontagem e uma revisão dos arquivos judiciais. Como resultado, a taxa de homicídios, de 4,5 por 100 mil habitantes, saltou para 8,8!

Mas houve progressos na América Latina: a Colômbia, por exemplo, a despeito da situação de guerra civil permanente e de sua relação com o tráfico de drogas, conseguiu uma relativa harmonização entre diferentes fontes:

> *En el caso de los homicidios, organismos oficiales manejan distintas cifras: en las estadísticas del 2003 la Dijín registra 23.214 homicidios; el Vicepresidente sostiene que son 23.031 y el Ministro de Defensa, 23.509. Diferencias menores también se observan en otros años, incluyendo en masacres.*[57]

Mortes com intencionalidade desconhecida e mortes com causas ignoradas

Outro problema muito sério com os dados e sua classificação se relaciona com as mortes violentas sobre as quais se ignora se são homicídios, suicídios ou acidentes. Essas mortes não significam sempre a mesma coisa. Particularmente aquelas classificadas como "mortes com armas de fogo com intencionalidade não-determinada" também são usadas para ocultar muitas vítimas da violência policial. Outras são fruto de desconhecimento "legítimo", o que revela a incapacidade do Estado, particularmente do seu aparelho policial e judicial, de corretamente localizar e identificar os mortos e a *causa mortis*.

---

[57] Los homicidios: entre su descenso y las nuevas opciones de seguridad. *Hechos del Callejón*, n. 2, abr. 2005.

Essa percentagem, no Brasil, tem tendido a decrescer desde 1979. Subiu substancialmente em 1988, voltou a decrescer, particularmente em 1990, mas esse decréscimo foi muito influenciado pela queda vertiginosa desses dados referentes ao Rio de Janeiro — o que requer explicação.[58] Em muitos casos, quedas e subidas bruscas de um ano para outro significam apenas mudanças administrativas; em outros, refletem mudanças reais, conseqüências de vontade política. Os dados a partir de 1993 mostram um bem-vindo decréscimo vertiginoso no Rio de Janeiro, particularmente de 1994 para 1995. No Rio de Janeiro, entre 1992 e 1995, as mortes com intencionalidade ignorada passaram de 46% para 16% das mortes violentas. Esse decréscimo ajudou a diminuir os dados brasileiros.

Gráfico 27

Mortes por causas ignoradas e como % do total de mortes violentas: Rio de Janeiro e Brasil com e sem Rio de Janeiro, 1979-1995

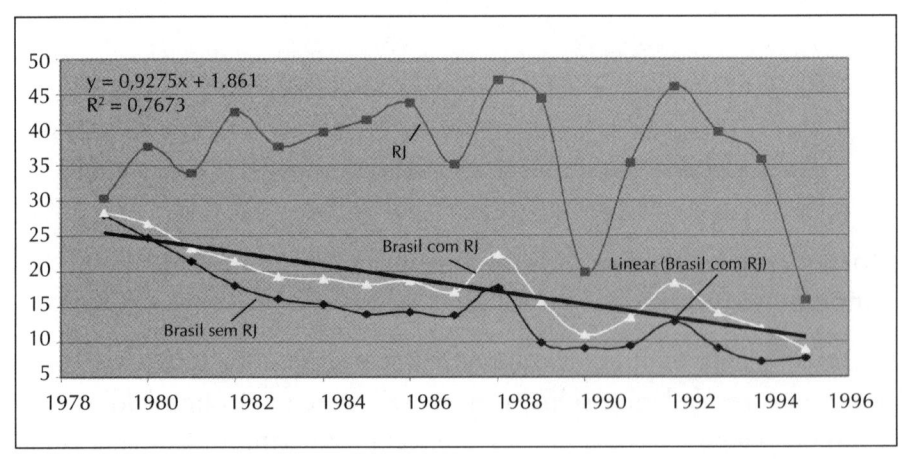

O peso do Rio de Janeiro pode ser aquilatado a partir do seguinte dado: em 1988, houve 21.558 mortes violentas com intencionalidade ignorada no Brasil, das quais 7.251 no Rio de Janeiro; em 1989 foram 16.031 e 7.659, respectivamente; ou seja, 33% e 46% das mortes com intencionalidade ignorada no Brasil aconteceram no Rio de Janeiro. Porém,

---

[58] Usei, nessa tabela e nos gráficos correspondentes, somente as mortes referentes a "causas externas", incluídas no grupo XVII, CID9.

algumas flutuações nos dados nacionais *exclusive o Rio de Janeiro* acompanham as do Rio de Janeiro, embora outras não.

As altas de 1988 e 1992 foram comuns, mas no Rio de Janeiro a tendência entre 1979 e 1986 foi claramente crescente, enquanto a soma do restante do país foi decrescente; a grande baixa observada em 1990 no Rio de Janeiro não se deu nos demais estados. O crescimento de 1990 a 1991, assim como o de 1991 a 1992, foi observado no Rio de Janeiro e fora dele; o decréscimo de 1992 a 1993 e de 1993 a 1994 também foi observado nos dois conjuntos de observações. Evidentemente, o que se observa tanto dentro quanto fora do Rio de Janeiro não pode ser atribuído *exclusivamente* a fatores desse estado e vice-versa.

Creio que as flutuações de curto prazo (um, dois ou três anos) refletem mudanças nas políticas públicas e, às vezes, mudanças nos indicadores macroeconômicos.[59] Evidentemente, também espelham maior ou menor seriedade na coleta e no trato dos dados estatísticos, podendo não refletir aumento ou diminuição *real* da violência. A confiabilidade dos dados, é claro, varia por estado e de ano para ano, mas a longo prazo aumentou a confiabilidade. Dependendo de que percentagem dos casos ignorados consideremos como homicídios, muitos resultados serão afetados. A tendência revelada no gráfico 27 sugere que a subestimativa dos homicídios pode ter sido maior do que é na atualidade, particularmente no Rio de Janeiro. É possível que a tendência ao crescimento *real* do total de homicídios tenha seguido um *slope* mais suave do que o sugerido pelos dados publicados.

Surpreendentemente, a percentagem dos casos "ignorados" sobre o total de casos de mortes violentas *não* segue uma relação previsível com o nível de desenvolvimento econômico. Entre as unidades da federação em melhor posição (percentagem abaixo de 3,41%) está o Maranhão, um dos estados mais pobres do país; o Pará, também um dos mais pobres; a Bahia e o Espírito Santo, e o Distrito Federal, unidade com altos índices de renda e educação. Entre os piores, com mais de 38%, estão o Piauí e Tocantins, dois dos estados menos desenvolvidos, e São Paulo, Rio de Janeiro, Minas

---

[59] As taxas de acidentes por 10 mil veículos, por exemplo, aumentaram nos períodos de expansão econômica e controle da inflação: as pessoas *andavam* mais em seus carros. Os indicadores de quilometragem captariam isso, mas os indicadores por número de veículos não.

Gerais e Rio Grande do Sul, quatro dos mais desenvolvidos. Análises que usem as unidades da federação como unidades de observação, como casos, ficam muito prejudicadas devido não só à alta significação quantitativa dos casos com intencionalidade desconhecida e de homicídios legais, mas também a sua concentração espacial, percentualmente alta em alguns estados e baixa em outros.

Mapa 4

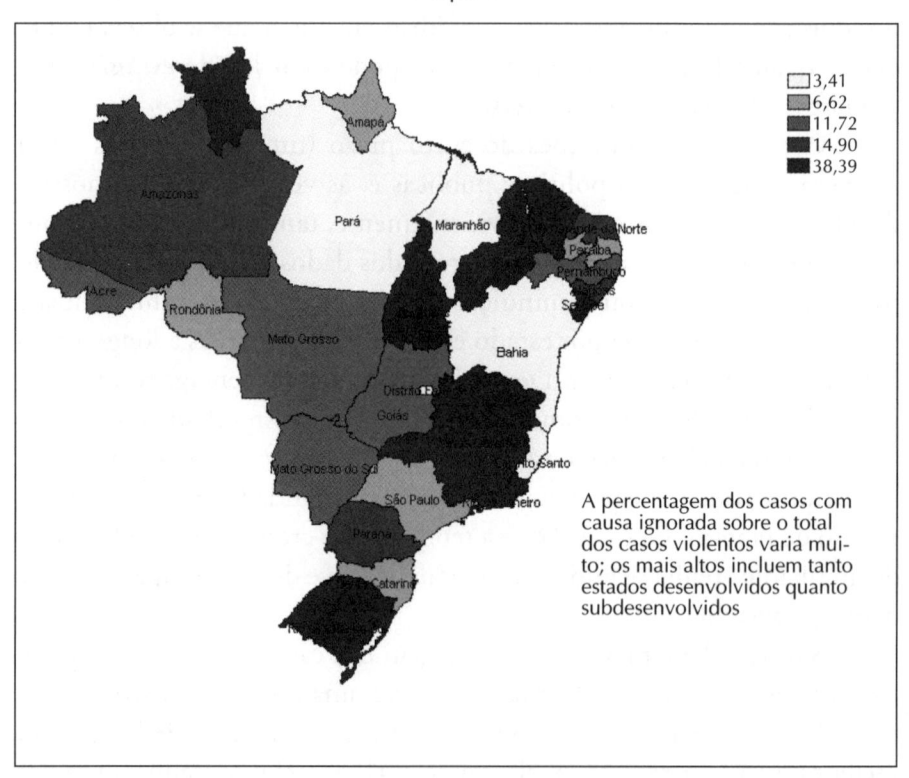

A percentagem dos casos com causa ignorada sobre o total dos casos violentos varia muito; os mais altos incluem tanto estados desenvolvidos quanto subdesenvolvidos

A análise de covariatas estruturais das taxas de homicídio *entre os estados* (*ou unidades da federação*) fica prejudicada. Os mesmos problemas acontecem no nível municipal. É possível analisar essas relações apenas em estados e municípios com baixa significação de casos "ignorados", particularmente no caso dos homicídios com armas de fogo e intencionalidade não-determinada, muitos dos quais parecem ser de autoria da própria polícia. Contudo, não se sabe se os estados e municípios incluídos foram retirados aleatoriamente do mesmo *pool* dos excluídos. É possível que, além dessa diferença conhecida — a significação das mortes com intencionalidade ignorada —, haja outras diferenças que introduzam severos vieses nas estimativas.

Em sua dissertação de mestrado, Cruz (1996) também enfatizou o triste destaque do Rio de Janeiro nessa categoria de dados.

Um estudo das mortes por causas externas em São Luís, Maranhão, também sugere que as mortes classificadas como ignoradas são, em sua maioria, acidentes e homicídios não esclarecidos. Sua redução acarreta uma elevação dos acidentes, homicídios e, eu acrescentaria, dos suicídios. No dizer de Moraes e outros (2003):

> Nos anos de 1983 a 1985, e de 1998 a 1999, foram observados os maiores percentuais de morte por causas externas do tipo "ignorado". Isto correspondeu exatamente aos menores percentuais e coeficientes de mortalidade verificados para os acidentes de transporte e homicídios, nesses anos. Tal fato sugere que esses altos índices de "ignorados" sejam devidos, na realidade, a casos de acidentes de transporte e homicídios não devidamente esclarecidos. Rotulados como "ignorados", elevaram os percentuais destes em detrimento daqueles.

Outra categoria que "furta" homicídios (e outras mortes violentas) é a de "outras violências". O efeito das "outras violências" sobre os homicídios pode ser aquilatada na tabela reproduzida de Barros, Ximenes e Lima (2001), que trata da composição das mortes por causas externas no Recife, de 1979 a 1995.

Há uma relação claramente *negativa* entre as causas externas e os homicídios — as primeiras decrescem e as segundas crescem, ainda que os números totais não apresentem variações drásticas ano a ano, exceto em 1992, o único não ajustado pelos autores.

Tabela 21
Número de óbitos de menores de 20 anos por causas externas e distribuição percentual segundo seus grupos específicos: Recife, 1979-1995

Anos	Nº causas externas	Acidentes de trânsito %	Outros acidentes %	Suicídios %	Homicídios %	Outros tipos de violência %
1979	213	22,1	10,8	1,9	10,8	54,4
1980	223	24,7	13,9	3,1	13,9	44,4
1981	182	24,7	30,2	2,7	15,9	26,4
1982	208	25,5	44,7	0,5	15,4	13,9
1983	213	19,7	46,0	0,5	22,5	11,3
1984	247	16,6	47,0	0,4	21,0	15,0
1985	245	23,3	33,1	0,4	30,6	12,6
1986	289	19,4	28,4	1,0	29,8	21,4
1987	229	21,8	12,2	0,9	35,8	29,2
1988	236	20,8	10,6	0,4	32,6	35,6
1989	316	20,2	13,3	0,6	40,8	25,0
1990	271	19,2	31,4	1,0	43,5	4,8
1991	269	23,4	26,4	2,6	43,5	4,1
1992*	189	28,6	26,4	—	39,7	5,3
1993	303	18,5	31,0	1,3	45,2	4,0
1994	270	21,5	18,5	2,2	52,2	5,5

Fontes: 1979-1992: SIM — Ministério da Saúde; 1993-1995: Secretaria Estadual de Saúde de Pernambuco.
* Dados incompletos, não ajustados pelos autores.

A má qualidade dos dados

Não há possibilidade de intervenção e prevenção eficientes de mortes violentas sem informações precisas. Os estudos comparativos podem propiciar uma contribuição gigantesca ao conhecimento, trazendo medidas com resultados comprovados e mostrando que algumas relações entre variáveis só existem na sua forma *dentro* de um contexto. Mudando o contexto, muda a relação.

Infelizmente, a situação da informação em países em desenvolvimento é de tal precariedade que são poucas as chances de se aprender com eles. Smith e Barss (1991) sintetizaram muitos estudos sobre a violência, intencional ou não, durante 10 anos — até 1987 —, chegando à triste conclusão de que apenas dois países africanos e outros dois asiáticos haviam passado seus dados para a OMS. Em trabalho sobre Bangladesh, Fazlur Rahman, Ragnar Andersson e Leif Svanström (1998) comentaram a triste situação da informação sobre os mortos e feridos por causas externas. Para chegar a alguma conclusão sobre Bangladesh, tiveram que realizar um *survey* limitado a uma região específica do país. Nesse *survey* constataram que o homicídio era a segunda maior causa de morte violenta, sendo a primeira os afogamentos, e que as crianças e adolescentes eram as maiores vítimas da violência. A situação é semelhante em vários países subdesenvolvidos e até pior em outros, nos que um *survey* é impossível.

O tratamento de estatísticas nos setores direta e indiretamente relacionados com a violência é primário e ineficiente no Brasil. As melhorias são recentes. A história dos procedimentos adotados para a compilação das estatísticas de crimes e de acidentes de trânsito no Distrito Federal é ilustrativa:

- até 1991 eram tabuladas *manualmente* na Secretaria de Segurança Pública (DPLAM — Seção de Estatística);
- em 1992, a Secretaria de Segurança Pública começou a implementar o Sistema de Ocorrências Policiais (Siocop) informatizado, que enfrentou inúmeros problemas durante um amplo período, resultando em séries problemáticas nos anos de 1992, 1993 e 1994. Os dados desses anos não são confiáveis;
- em 1992 também foi elaborado o projeto Os Números do Trânsito;
- em 1992, 1993 e, particularmente, 1994, foi detectada uma queda nos valores das séries históricas de muitas ocorrências sem outra explicação a não ser a interrupção diária do envio de informações das delegacias policiais para a central de armazenamento de dados;
- a partir de 1995 — e somente a partir desse ano —, a Polícia Civil passou a permitir o acesso ao Siocop, ao Detran e a outros órgãos do governo do Distrito Federal;
- a partir de 1996, o Detran e a Secretaria de Segurança passaram a utilizar a validação cruzada dos dados. A Secretaria de Saúde usando

também os dados do IML, dos hospitais e do Registro Civil, e o Detran usando os dados do IML, da Delegacia de Delitos de Trânsito e da própria Secretaria de Saúde. A cessão de dados do IML tinha que ser negociada, e a direção do instituto cedia as informações a algumas instituições e pessoas, mas não a outras; curiosamente, uma das médicas do IML usava os dados, cujo acesso negava aos demais pesquisadores, para apresentar trabalhos sobre epidemiologia da violência;

- a padronização do controle das vítimas que faleciam até *30* dias após a ocorrência só se fez a partir de 1997; foi também a partir de 1997 que o Detran furou a barreira do IML e passou a usar seus dados na crítica dos dados de outras fontes — validação cruzada. O Detran iniciou procedimentos comparáveis para os anos de 1995 e 1996.

Evidentemente, as séries históricas abrangem um grande número de definições e erros e devem ser tomadas com reservas. Essas eram as condições em Brasília, no Distrito Federal, capital da República,[60] condições muito superiores às da maior parte do país.

A qualidade não é a mesma em todos os aspectos de um dado. Há informações sobre um crime, morte violenta, homicídio etc. em que poucos aspectos podem ser classificados como sem informação ou com informação "ignorada". O sexo da vítima é um desses casos; porém, é grande o número de variáveis sobre as quais não há informações. A tabela 22, baseada em estudo de Njaine e co-autores (1997), apresenta a proporção de variáveis sem informação ou com informação ignorada no município do Rio de Janeiro.

Os dados sobre a vítima são em geral muito mais completos do que os dados sobre o agressor; sem dados sobre o agressor, não há como relacionar atributos do agressor com os da vítima.

---

[60] Esses comentários basearam-se em parte no trabalho ainda inédito de Leda Raeter Montandon Borges, "Levantamento dos procedimentos para a geração de estatísticas fidedignas e integradas", e na experiência do autor com fontes de dados do Distrito Federal, que abrange desde um bloqueio pessoal no IML até a participação em análise e projetos do grupo de estatística do Detran.

Tabela 22

Proporção de variáveis sem informação ou com informação ignorada, segundo boletins de ocorrências policiais: município do Rio de Janeiro, população de 0-19 anos, 1990

Variáveis* (n = 9.204)	Sem informação e/ou informação ignorada (%)
Sexo da vítima	0,3
Idade da vítima	3,2
Hora da ocorrência	0,3
Instrumento utilizado	15,2
Identificação do agressor	57,7
Comunicante de fato	5,8
Realização do exame	83,9
Existência de testemunha	12,4
Local de ocorrência do fato	5,7
Sexo do agressor	35,5
Relação do agressor com a vítima	55,3
Local do ferimento	48,8

* Incluem registros fatais e não-fatais da Secretaria de Estado de Polícia Civil do Rio de Janeiro.

O subregistro dos crimes

Minha restrição ao uso de vários indicadores de crimes diferentes baseia-se na alta subenumeração. Os registros só incluem o que chega a eles, e a população tem restrições aos serviços públicos, em geral, e à polícia, em particular. Minha pesquisa domiciliar em Brasília mostra que 58% das vítimas de roubo a mão armada e 81% dos envolvidos em brigas *não* denunciaram o ocorrido a uma autoridade.

Dada a gravidade de um ferimento que configure uma tentativa de homicídio, era de se esperar que a grande maioria denunciasse a ocorrência. Não é assim: 64% dos feridos por arma branca *não* denunciaram a ocorrência a uma autoridade competente e 58% dos feridos com arma de fogo tampouco o fizeram. Ou seja, mesmo em casos que configurariam uma tentativa de homicídio, a maioria não denuncia a ocorrência e, evidentemente, ela não entra nas estatísticas.[61]

---

[61] Esses dados não são usados cegamente pelo autor. Estou consciente de que muitos *não* foram vítimas de tentativas, mas afirmaram que sim, e vice-versa; de que muitos que fizeram queixa não o admitiram aos entrevistadores, e vice-versa; de que a memória é pouco confiável, particular-

Tabela 23
Procura por autoridades, segundo o tipo de agressão: Distrito Federal, 1997-1998

Tipo de agressão	Procurou autoridade (%)	Não procurou autoridade (%)
Roubo a mão armada	41,8	58,2
Ferimento por arma branca	35,9	64,1
Ferimento por arma de fogo	41,7	58,3
Vias de fato	19,5	80,5

Fonte: Soares, 1998.

O problema é ainda mais complexo. Quando procuram alguma autoridade, as vítimas dirigem-se principalmente à Polícia Militar, salvo no caso de ferimento com arma de fogo. Tecnicamente, quem preenche o BO, *boletim de ocorrência*, é a primeira autoridade a chegar ao local. Quem inicia, organiza e conduz o inquérito é a Polícia Civil. Há perda de tempo e de informação quando a queixa não é feita imediata e diretamente a quem conduzirá as investigações.

Tabela 24
Autoridade procurada, segundo o tipo de agressão: Distrito Federal, 1997-1998

Tipo de agressão	Delegacia (%)	PM (%)	Outra (%)
Roubo a mão armada	42,8	53,2	4,0
Ferimento por arma branca	27,3	69,0	3,7
Ferimento por arma de fogo	59,4	40,6	—
Vias de fato	36,9	63,1	—

Estados e municípios com informação irregular

O principal problema que pode introduzir um sério viés nos dados é o da informação errada ou incompleta ou, no jargão do Datasus, irregular. A

---

mente em relação a uma pergunta que trata da prevalência ao longo de toda a vida do entrevistado. Estou interessado apenas na *magnitude* do problema, que com ± 15% é muito grande.

percentagem da população dos municípios que apresentaram informações *regulares* em 1995 sobre o total da população do estado variou entre 0%, nos casos de Roraima e do Distrito Federal,[62] e mais de 90% nos do Rio Grande do Sul, São Paulo e Rio de Janeiro. A regularidade da informação sobre mortalidade em geral correlaciona-se claramente com o desenvolvimento econômico da unidade: o Sudeste (87%) e o Sul (77%), as regiões mais ricas do país, estavam claramente à frente do Centro-Oeste (42%), do Nordeste (37%) e do Norte (21%). A subenumeração da mortalidade nos municípios também está vinculada ao nível de desenvolvimento econômico do município, do estado e da região.

Outro indicador da capacidade do estado de prestar informações fidedignas através do sistema médico e administrativo é dado pela proporção de mortes por causas mal definidas sobre o total de mortes. Note-se que não se trata aqui de mortes *violentas*, ou por causas *externas*, mas do *total* de mortes. Em 1995, essa percentagem era de 16% em termos nacionais, mas desigualmente distribuída: o Nordeste (34%) apresentava o pior padrão, seguido do Norte (26%), do Centro-Oeste (13%), do Sudeste (10%) e do Sul (9%), com o melhor desempenho. O efeito da urbanização e da centralidade política era claro: nas capitais, as causas mal definidas não chegavam a 2%; no Brasil como um todo atingiam 16%.[63]

Gráfico 28

Qualidade da informação sobre mortalidade em geral, por região

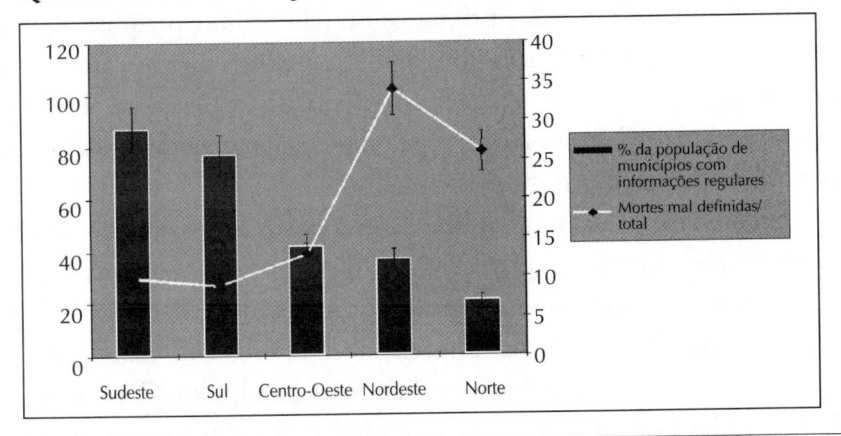

---

[62] O Distrito Federal não está subdividido em municípios, portanto, a população coberta pelos municípios com informação regular só pode assumir dois valores, 0% e 100%.
[63] Dados de Brasil/Ministério da Saúde, 1998.

A informação passava, assim, por quatro fontes de distorção:

1. A alta percentagem dos crimes que não chegavam ao conhecimento das autoridades porque a população não dava queixa.
2. A alta percentagem da população dos municípios que não apresentam informação regular sobre o total da população do estado, levando quase sempre à subenumeração das mortes.
3. A alta percentagem das mortes por causas mal definidas sobre o total das mortes *registradas.*
4. A alta percentagem, sobre o total das mortes violentas, dos homicídios legais e das mortes com intencionalidade não-determinada.

A segunda se correlaciona com a terceira. A informação coletada e enviada à Secretaria de Saúde estadual tem alto número de mortes por causas mal definidas devido à escassez de médicos. A quarta diz respeito diretamente ao sistema policial e judicial. As mortes legais são causadas por policiais, e muitas das violentas com intencionalidade indeterminada também o são; o excesso delas reflete, além da violência policial, a incompetência dos aparelhos policial e forense.

O pesquisador empírico, usuário de estatísticas, que trabalha com a violência mortal e deseja trabalhar o problema *no nível nacional* tem duas alternativas, além de trabalhar os dados do SIM e saber que suas estimativas terão vieses: coletar dados primários ou não realizar pesquisa alguma. Nesse sentido, usei o SIM, não porque seja a melhor entre as várias fontes nacionais disponíveis, nem porque seja adequado, mas porque é o único *database* nacional. Cabe ao leitor, agora devidamente avisado, estabelecer suas próprias limitações às minhas conclusões.

Finalmente, há erros mecânicos, como entrar dados errados, que podem ter efeitos sistemáticos caso a falha se dê na aplicação de uma fórmula ou como parte de uma operação. Este livro usa dados coletados ao longo de vários anos, com definições variáveis, num esforço consciente para detectar se as mudanças das definições alteram as conclusões. Com o mesmo objetivo, variei os anos e as unidades da federação. Quase todas as análises estatísticas foram feitas usando SAS ou SPSS; quase todos os gráficos foram elaborados em Excel; os dados em DBC foram salvos em DBF e importados diretamente para SPSS; alguns, mais trabalhados, foram salvos em HTML e importados em Excel. Algumas taxas foram verificadas a mão, sendo inevitável que erros — e muitos — tenham sido cometidos. Eles são de minha responsabilidade.

Uma questão vincula problemas teórico-conceituais e definições legais com implicações metodológicas. O conceito de crime não é absoluto. Ele varia no tempo e no espaço.

É preciso observar as diferenças de conceituação e das definições legais de crime, algumas das quais podem ser usadas politicamente. Por exemplo: nos Estados Unidos, a ênfase atribuída aos crimes relacionados com a produção, distribuição e venda de bebidas alcoólicas, e também com o alcoolismo, já foi um instrumento de rejeição, por parte de americanos natos, de imigrantes europeus dispostos a trabalhar por salários mais baixos. Onde os imigrantes representavam uma "ameaça" maior, a polícia, instigada pelos puritanos americanos, dava mais ênfase aos crimes relacionados com o alcoolismo para prender os imigrantes.

Hoje, neste início de terceiro milênio, os crimes relacionados com as drogas, particularmente o tráfico, representam uma percentagem alta do total das prisões efetuadas no Brasil e em outros países latino-americanos, assim como nos Estados Unidos. Essa percentagem é muito mais baixa em alguns países europeus que têm políticas mais benévolas em relação às drogas, como Grã-Bretanha e Holanda. Observar essas diferenças, assim como suas correlatas raciais e de classe, não significa apoiar esta ou aquela política em relação às drogas, muito menos sugerir que a descriminalização das drogas terá este ou aquele efeito sobre os homicídios. Sublinho que políticas que "criam" ou agravam crimes, assim como as que descriminalizam hábitos ou extinguem crimes, podem ser respostas para o conflito entre grupos, classes, religiões etc. Essas políticas introduzem uma certa variação no que é e no que não é crime.

Problemas de multicolinearidade nas análises agregadas do homicídio

Há grupos de indicadores na mesma área temática que, embora se refiram a características diferentes, estão altamente correlacionados. Os indicadores de educação a seguir são desse tipo:

- a percentagem de analfabetos na população com 15 e mais anos de idade;
- a média de anos de estudo da população de 25 anos e mais de idade;
- a percentagem da população com menos de quatro anos de estudo.

Usando os municípios brasileiros em *c.*1980, as correlações entre eles variam de 0,87 a –0,97. Isso significa que o espaço para uma influência independente sobre uma terceira variável é pequeno, 24% no caso da correlação mais baixa e 6% no caso correlação mais alta. Quando se trata de situações em que a taxa de homicídio tem uma correlação com as anteriores, acima desses limites, cria-se um problema: a correlação "excedente" se deve a uma, a outra, ou a ambas e, nesse caso, em que proporção? Evidentemente, o mesmo raciocínio pode ser ampliado para mais variáveis independentes.

Esse é um problema comum aos estudos agregados, a multicolinearidade, porque muitas características estruturais usadas para explicar o homicídio são altamente correlacionadas. A multicolinearidade gera erros padrões muito grandes para os coeficientes de regressão e estimativas instáveis.[64]

Vários pesquisadores que estudam as covariatas estruturais do homicídio em algum nível de agregação mencionam essa dificuldade. Para verificar a multicolinearidade, diferentes autores usaram diferentes soluções: o nível de tolerância ou VIF, ou ainda a simples observação de alto nível de intercorrelações entre as variáveis independentes para indicar a possibilidade de multicolinearidade. Para solucionar o problema alguns fatorizaram a matriz e usaram escores fatoriais, outros usaram a variável de mais alta correlação com o fator e outros ainda usaram apenas uma das variáveis de cada grupo conceitual com altas intercorrelações.

As análises que relacionam características de uma sociedade com a ação de subgrupos dessa sociedade são um *recurso* quando não há dados disponíveis sobre as características dos subgrupos estudados. Passa-se então a trabalhar com os dados de que se dispõe sobre a sociedade como um todo, e a esperar fervorosamente que essas características afetem o comportamento dos subgrupos.

---

[64] Wonnacott e Wonnacott, 1979.

Evidentemente, quanto mais próximos os dados estiverem da média da sociedade, maior a probabilidade de se chegar a uma associação correta. Porém, muitas análises focalizam o comportamento de subgrupos que ocupam uma posição extrema na distribuição. Chamemos a esses problemas de "tipo I". Outras análises focalizam subgrupos que, podendo estar próximos da média, estão social e psicologicamente isolados da sociedade, formando, em certo sentido, uma sociedade à parte. Chamemos esses problemas de "tipo II". As análises de grupos que se situam longe da média incorrem nos problemas de tipo I; as análises de grupos com alto grau de autonomia funcional, de instituições totais ou quase-totais incorrem nos problemas de tipo II.

O estudo do homicídio gera problemas do tipo I. Queremos conhecer os determinantes da taxa de homicídios numa sociedade, mas os homicídios não se distribuem aleatoriamente na sociedade: eles estão altamente concentrados na população masculina, jovem e pobre. É a falta de dados sobre as populações-alvo ou a dificuldade de obtê-los que nos obriga a trabalhar com dados sobre a população total, ou sobre uma parte da população total que inclui amplos segmentos irrelevantes para a análise, como a população adulta.

A renda *per capita*, indicador comum de desenvolvimento econômico, é muito influenciada pelas rendas mais altas. As rendas dos 10% mais altos pesam, em alguns casos, no cômputo mais do que os 60% mais baixos, que é onde se concentram desproporcionalmente tanto as vítimas quanto os homicidas. Uma pessoa com renda de R$ 1 milhão pesa tanto quanto mil pessoas com renda de R$ 1 mil cada. A moda e a mediana são mais próximas da população-alvo, mas, mesmo assim, apresentam um afastamento.

O indicador de desenvolvimento em que cada pessoa conta tanto quanto a outra é mais apropriado a esse tipo de análise. As taxas de analfabetismo são desse tipo, ao passo que o número médio de anos de estudo apresenta um desvio maior. As relações entre os indicadores societais e as taxas de homicídio têm uma caixa-preta em seu percurso explicativo. A relação começa no nível macro, societal, e pula para o comportamento específico de um grupo específico, às vezes extremo. O espaço compreendido nesse salto é objeto de fé, não de ciência. As explicações que começam e terminam no nível macro às vezes apresentam o aumento ou a diminuição das taxas de homicídio como conseqüência natural de mudanças estruturais. O caminho que vai da mudança estrutural à mudança de comportamento de um subgrupo não está mapeado, a despeito da intensidade das afirmações dos defensores desta ou daquela teoria. Esse caminho permanece no domínio da fé, não no da demonstração científica. E, eventualmente, quase todos o seguimos, neste ou naquele trabalho.

O avanço do conhecimento sobre o homicídio na América Latina está vinculado a uma série de arranjos institucionais extra-universitários: o conhecimento dos determinantes do homicídio *a partir dos homicidas* está condicionado à maior eficiência policial. Em estados como o Rio de Janeiro, nos quais a taxa de solução de homicídios é inferior a 10%, os limites do que se pode chegar a saber quando se tiver acesso aos dados sobre os criminosos são muito baixos. Não se pode partir do pressuposto de que os homicídios resolvidos são uma amostra aleatória do total de homicídios. Ironicamente, o estudo científico dos homicídios depende de sua solução pela polícia.

O acesso dos pesquisadores a *dados individualizados* é indispensável para construir *databases* que permitam o conhecimento do homicídio desagregado por características relevantes. Isto porque os determinantes dos diferentes tipos de homicídio (definidos pelas características das vítimas, dos assassinos, do contexto ou de combinações entre eles) variam. Nos Estados Unidos, o nível relativamente elevado de homicídios e o desenvolvimento da pesquisa empírica em criminologia contribuíram para melhorar a máquina estatística através das décadas, possibilitando verificar que as explicações empiricamente válidas para as variações nas taxas de crimes, em geral, e de homicídios, em particular, *não são as mesmas para os diferentes grupos.* Fox e Levin (1991), por exemplo, demonstraram que os idosos têm probabilidade muito menor do que os jovens de serem vítimas de homicídios, mas têm maior probabilidade de serem vítimas de latrocínio. Como demonstrar isso se os dados usados são brutos e não separados por idade?

A *melhoria* dos dados e a redução da subenumeração ou de mortes violentas classificadas como "outras violências" também causam impacto sobre os resultados. Um estudo interessante, de Isaura de Albuquerque César e Roberto do Nascimento Rodrigues (1998), compara as vítimas adolescentes (10-19 anos) por homicídio no Recife e em Salvador, usando médias trienais para dois períodos, 1979-1981 e 1989-1991.

Os resultados mostraram o esperado: a) a taxa masculina era substancialmente mais alta do que a feminina; e b) todas as taxas aumentaram entre os dois períodos.

Gráfico 29
**Taxas de homicídio de jovens: Recife e Salvador,
1979-1981 e 1989-1991**

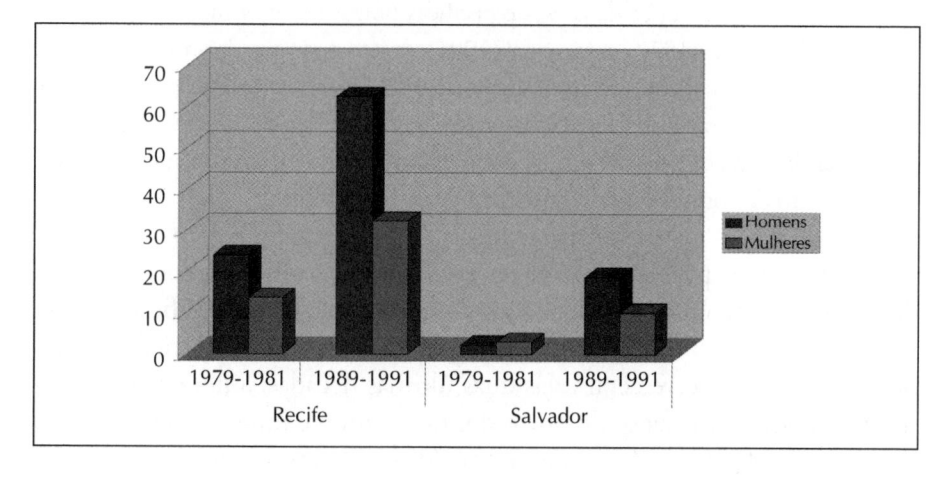

Porém, os autores astutamente publicaram as taxas relativas a "outras violências". A taxa era de 40,2 para os adolescentes no Recife de 1979-1981, substancialmente maior do que a taxa de homicídios das adolescentes (32,4) e muito maior do que a das vítimas de homicídio. Que mortes eram essas? Quantas delas eram homicídios?

Em Salvador, as mesmas perguntas: as taxas de "outras violências" entre os jovens eram, em 1979-1981, mais de 10 vezes a taxa de vitimização por homicídios e cerca de oito vezes a referente a jovens do sexo feminino. Quantos desses casos eram homicídios? Até que ponto os dados de 1979-1981 são artificialmente baixos ou foram intencionalmente manipulados?[65] As taxas de "outras violências" foram zeradas em Salvador em 1989-1991. A diferença de mais de 20 pontos nas taxas é maior do que a taxa de homicídios do segundo período. É *impossível* saber se a taxa de mortalidade por homicídios aumentou ou diminuiu, e quanto.

---

[65] Durante a ditadura houve manipulação de vários tipos de dados.

O mesmo se aplica ao Recife. Houve uma redução de mais de 30 pontos na taxa de "outras violências". Onde foram parar? Quantas mortes das classificadas como "outras violências" eram homicídios? Se comparadas, teria havido crescimento?

Outro estudo do Recife também sublinha o declínio das mortes por "outras violências":

> Em todos os grupos de causas específicas houve um crescimento relativo do início da série (1977) para o final (1991), exceto no grupo de outras violências, onde se evidenciou um decréscimo de 61%. Esse decréscimo possivelmente reflete uma melhoria acentuada no sistema de informação, com uma melhor classificação da causa básica de óbito, contribuindo provavelmente para o aumento dos outros grupos específicos de causas externas.[66]

O mesmo problema pode ser aquilatado no nível nacional: mortes de vários tipos (com intencionalidade desconhecida, não-especificada, causa ignorada etc.) são indicadores da incompetência do setor estatístico do Estado. Essas mortes decresceram nas duas últimas décadas; anteriormente, seu número poderia ser maior do que o dos homicídios e muito maior do que o dos suicídios. Quantas delas eram homicídios? Quantas, suicídios?

Gráfico 30
**Número de homicídios e de mortes violentas "ignoradas":
Brasil, 1979-1995**

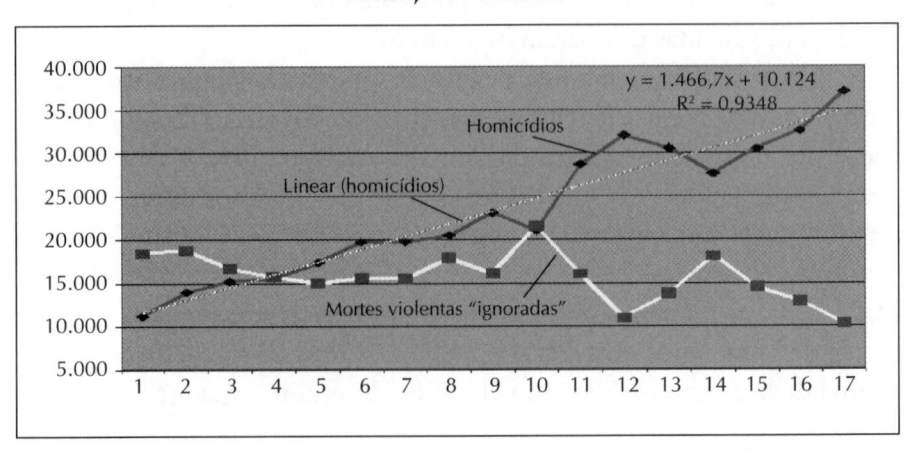

---

[66] Lima e Ximenes, 1998:829-840.

Os dados sugerem que os homicídios do fim da década de 1970 e dos anos 80 podem ter sido severamente subestimados, juntamente com os acidentes e os suicídios. A subestimativa no início do período faz o crescimento parecer maior do que realmente foi. Como o "teto teórico" dos dois é a população, o fato de os dados serem um número absoluto não compromete a relação. Fazendo um gráfico de um *versus* o outro, no tempo, vê-se que a correlação entre os dois é clara e negativa: quanto mais mortes "ignoradas", menos homicídios e vice-versa. O R^2 de 0,47 significa que quase metade da variância nos homicídios pode ser explicada pelas mortes ignoradas.

Gráfico 31
Homicídios e mortes violentas "ignoradas": Brasil, 1979-1995

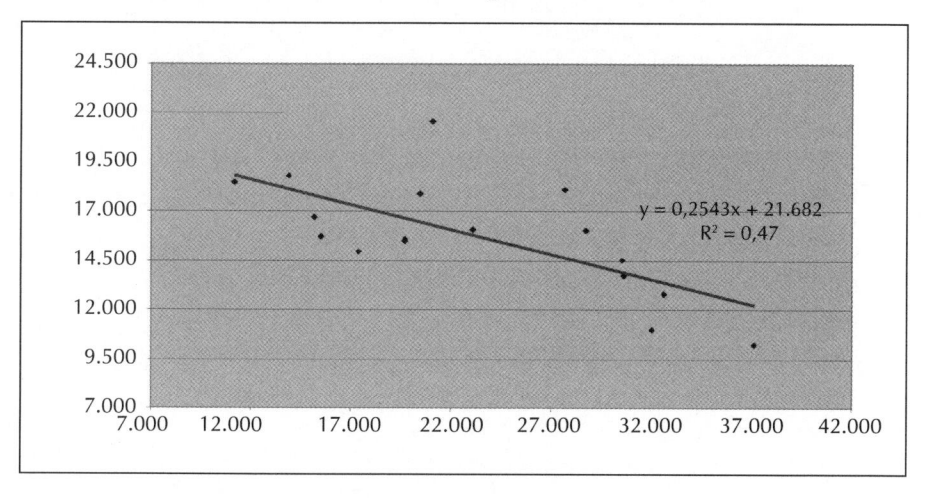

Assim, os estudos temporais precisam — pelo menos — tentar corrigir os erros impostos pela subenumeração e pela má classificação, intencional ou não.

5

ALGUMAS QUESTÕES TEÓRICAS

Teorias do crime e teorias da sociedade aplicadas ao crime no contexto brasileiro: a desvinculação macro-micro

Existem teorias macrossociais que dão conta de muitos fenômenos sociais, entre eles o crime, e existem teorias especificamente criadas para tentar explicar a criminalidade. Muitas teorias macrossociais consideram o crime *en passant*: as teorias do crime são um capítulo particular, até recentemente pouco relevante, de uma teoria mais geral, da sociedade. A ênfase recai na explicação da sociedade, da economia e da política, sendo o crime apenas uma aplicação dessa teoria mais ampla a um objeto particular.

A preocupação em buscar uma teoria *disciplinar* — sociológica — do crime colocou o estudo do crime no bojo das teorias da sociedade. Há algum tempo, era comum que pesquisadores cultivassem uma grande fidelidade a sua disciplina, mais preocupados com a perspectiva do que com o objeto do estudo. Dürkheim, ao desenvolver uma teoria sociológica do suicídio, fez exatamente isso.[67]

---

[67] Embora fosse claro o seu reconhecimento da importância de condições físicas e biológicas.

No que se refere ao crime, foi Sutherland quem mais se bateu por uma teoria sociológica. Entretanto, o reducionismo sociológico, como qualquer reducionismo, limita o poder de explicação. Hoje é difícil entender o suicídio sem mencionar as *mood disorders*, sem incluir a bipolaridade e a depressão profunda, por exemplo, como contribuintes para ele. Os benefícios da interdisciplinaridade estão sobejamente demonstrados. Não é possível explicar adequadamente fenômenos como o suicídio, o homicídio e o crime dentro dos limites estreitos de uma disciplina, seja qual for.

Há claras diferenças entre os países na conceituação de teoria. Os anglo-saxões, capitaneados pelos Estados Unidos, desenvolvem teorias para explicar variações em objetos específicos. São teorias "de algo". Outros países, como a França, têm uma tradição de desenvolver teorias muito abstratas, teorias da sociedade, da economia e da política. Muitas vezes estão associadas a um pensador, são teorias "de alguém". Essas amplas teorias se aplicam, então, a conceitos específicos como crime, delinqüência, violência doméstica, homicídios — ou a família, política, religião etc.

Homicídio e racionalidade econômica

Num sentido amplo, as explicações que, no Brasil, se convencionaram chamar de neoclássicas *e* as explicações neomarxistas (e as paleomarxistas também) têm mais em comum do que cada uma delas gostaria de admitir. Ambas partem de princípios explicativos baseados na racionalidade, na primazia das explicações econômicas e na extensão de teorias da economia e da sociedade para explicar o crime. Cada uma foi construindo sua tradição, um trabalho sobre o outro, ainda que com muitas variantes, perdas e retrocessos. Como uma das acepções de teoria baseia-se no conjunto de trabalhos com orientação semelhante, destaco algo que a diferença da acepção de teoria como maquete. Julgo conveniente rever duas delas: o crime como maximização do lucro e o crime como subproduto do capitalismo.

A abordagem da criminalidade dentro do modelo do *homo economicus* vem sendo usada por economistas de maneira mais sistemática desde Gary Becker (1968), principalmente para explicar comportamentos adotados na geração de renda — os crimes contra a propriedade. Porém, essa abordagem tem conseqüências mais amplas, porque a violência é um *meio* para a perpetração de muitos crimes contra a propriedade. Assim, um aumento na taxa de roubos pode provocar também um aumento na taxa de homicídios. Cria-se, dessa maneira, uma correlação e uma explicação "por tabela", para os homicídios.

O homicídio aumentaria quase como um acidente de percurso, como um acontecimento, com freqüência um erro, na execução de *outro* crime, cuja motivação é econômica. Simplificando: para alguns indivíduos, o comportamento ilegal gera renda mais alta do que o emprego legal, mesmo após a consideração da probabilidade da punição que será aplicada no caso de o criminoso ser preso. A punição esperada é, por sua vez, o produto da probabilidade de ser preso *vezes* a gravidade da sentença. Isso significa que a influência da severidade das penas e a influência da certeza de ser punido não são independentes uma da outra. Se uma for zero, o efeito da outra também será zero. Um fator dissuasório normalmente não considerado nos modelos, que costumam se limitar à probabilidade de punição legal, é a probabilidade de o criminoso vir a sofrer violência, inclusive ser morto na execução do crime, particularmente entre os que se dedicam ao crime violento.

Essas equações deixam considerações éticas de fora; mas a ética existe dentro das pessoas na forma de atitudes, crenças e valores que influenciam o comportamento. Dadas as mesmas condições e os mesmos incentivos, homens com éticas internalizadas diferentes respondem de maneira diferente. Exclusive outras considerações, o crime seria escolhido a fim de obter um lucro que de outro modo seria inatingível. Assim, quanto menos uma pessoa espera do emprego legal, mais essa pessoa estaria propensa ao comportamento criminoso e vice-versa. Em contrapartida, quanto mais ricas as outras pessoas, maior o produto do roubo esperado pelos criminosos.[68] Em decorrência disso, o aumento da desigualdade afeta os dois extremos, uma vez que as pessoas muito pobres esperariam muito pouco do emprego legal e, ao mesmo tempo, teriam a expectativa de altos lucros recorrendo ao crime violento contra cidadãos ricos.

Vários estudos empíricos encontraram uma correlação entre a incidência de algum tipo de crime e o grau de pobreza[69] e/ou a desigualdade.[70] Assim, esses estudos encontraram evidências convergentes com essas teo-

---

[68] Fleisher, 1966.
[69] Williams, 1984; e Ehrlich, 1973.
[70] Blau e Blau, 1982; e Fajnzylber et al., 1998.

rias. Porém, esses resultados são também compatíveis com outras teorias, de cunho diferente, como as que explicam o crime como produto de deficiências sistêmicas estruturais do modelo de sociedade.

O modelo da maximização do lucro torna-se mais complexo pelo fato de as pessoas de melhor nível cultural terem acesso a certos tipos de crime altamente lucrativos e que não exigem violência — os chamados crimes de "colarinho-branco", enquanto os cidadãos pobres e sem educação formal teriam poucas alternativas fora do crime violento, freqüentemente muito menos lucrativo e mais arriscado. O *acesso* aos instrumentos do crime passa a ser termo indispensável da equação.

A vocação teórica latino-americana seguiu uma linha marxista. Na visão marxista clássica, a sociedade capitalista provoca a alienação de todos e a opressão dos trabalhadores. Eles podem se organizar e tentar lutar pelo poder para acabar com as classes sociais ou, num estágio anterior à consciência de classe, podem responder com violência desorganizada e difusa. Esta última resposta seria a gênese da criminalidade, que portanto deveria desaparecer numa sociedade sem classes.

Contudo, os estudos *empíricos* nessa linha na América Latina se desenvolveram em um marco que se poderia chamar de marxismo *implícito*, talvez a explicação intuitiva a que mais recorrem estudiosos latino-americanos da violência e do crime. O marxismo e suas categorias funcionam, nesse nível de explicação, como partes de uma orientação sociológica geral, só que difusa e, com freqüência, pouco precisa.

É dado como certo que as condições "econômicas", ou os "fatores infra-estruturais" são fundamentais na explicação. O marxismo implícito, porém, tem levado a uma certa complacência no que concerne a pesquisa empírica. A complacência não deriva logicamente da maquete marxista e muito menos da história pessoal e intelectual dos primeiros marxistas. Mas, para muitos latino-americanos que a usam, parece fornecer a sensação subjetiva de coisa conhecida, de ajuste *prévio* entre a realidade que se pretende observar e os dados que se pretende conhecer. Nas mãos de bons pesquisadores, o paradigma marxista levou a uma busca criativa de variáveis explicativas *dentro* dessa perspectiva. Porém, na maioria das vezes, o trabalho empírico estava desconectado da visão teórica.

Assim, existia um padrão acadêmico criado pela necessidade de colocar toda e qualquer pesquisa num contexto teórico "macro". Na vertente neoliberal, esse contexto dava legitimidade acadêmica *e político-ideológica* à pesquisa empírica, particularmente a quantitativa, que, na vertente marxista, via a pesquisa empírica com certa suspeita de compromisso com idéias conservadoras. A origem comum e, particularmente, a preocupação empírica dos primeiros marxistas sugerem que a rejeição à pesquisa empírica, em particular à pesquisa quantitativa, não é parte da maquete. Tem outra origem, veio de outro lado, mas entrou e ficou na teoria neomarxista definida como "aquilo que os neomarxistas fazem".

Mesmo em algumas pesquisas empíricas, a orientação neomarxista virou uma espécie de tributo teórico, e não uma orientação teórica legítima, perdendo sua função de sugerir direções para a pesquisa. Não havia uma clara associação entre a macro-orientação e os dados que eram trabalhados. Nas décadas de 1960 e 70, esse padrão de trabalho acadêmico era comum na América Latina. Caracterizava-se especificamente por:

- uma introdução teórica "macro", preferivelmente marxista, em alguns casos com copiosas citações de clássicos marxistas e de neomarxistas;
- um trabalho de pesquisa concreta, qualitativa ou quantitativa, com muita freqüência divorciado da orientação "macro";
- inexistência da obrigação de incluir as variáveis e conceitos "macro" entre as variáveis que se pesquisavam empiricamente, seja qualitativa, seja quantitativamente;
- uma conclusão na qual a orientação "macro" poderia ser esquecida ou figurar como uma breve referência.

O "retorno" à grande teoria não poderia ser sério nem preciso, conceitual ou empiricamente, porque ela de fato estava ausente da pesquisa concreta.

A longa tradição marxista de enfatizar a perspectiva de classes e a substancial tradição norte-americana de enfatizar a perspectiva étnica têm sido captadas em diferentes vertentes de teorias do conflito. Contudo, elas enfrentam um grande obstáculo no confronto com os dados. Os pobres não matam predominantemente os ricos, matam outros pobres. Nos Estados Unidos, os negros não matam predominantemente os brancos e membros de outros grupos étnicos, matam outros negros. A interpretação de classe passa pela dimensão da consciência: na perspectiva leninista, o segundo princípio da consciência de classe era o princípio da oposição — *contra* quem somos. Se os negros atuassem como classe, matariam brancos, e não outros negros e não seriam criminosos, e sim ativistas políticos.

Alguns dos crimes violentos não se enquadram nas teorias baseadas em escolhas econômicas racionais. O estupro e os atentados ao pudor são dois deles. O homicídio no processo de roubo poderia entrar na equação através de uma correlação "por tabela". Os seqüestros com o homicídio da vítima também. Muitas mortes vinculadas ao tráfico de drogas também seriam explicadas por essas motivações, mas algumas não. Há mortes de policiais por traficantes e de traficantes por policiais que são "vinganças da categoria". Há também homicídios direta ou indiretamente vinculados às drogas nos quais o dinheiro é apenas um instrumento para a satisfação do vício. E há outros homicídios derivados dos efeitos das drogas que têm pouco ou nada a ver com a motivação econômica, nem com escolhas racionais baseadas nelas.

Em certo sentido, poucos pensadores e pesquisadores latino-americanos, inclusive alguns dos mais empíricos, escapam a uma forma de marxismo ou outra, seja pela seleção das categorias, seja pelo ordenamento preferencial das explicações. Um exemplo da combinação de boa pesquisa com "marxismo implícito", porém, dissociado do que foi efetivamente pesquisado, é o excelente trabalho de Rita Barradas Barata, Manoel Carlos Sampaio de Almeida Ribeiro e José Cássio de Moraes — "Tendência temporal da mortalidade por homicídios na cidade de São Paulo, Brasil, 1979-1994". Na introdução, sublinha-se a crise econômica como explicação:

A década de 80 significou, para muitos países, o agravamento da conjuntura econômica e social, devido à perda do dinamismo econômico e ao crescimento do processo inflacionário, aliados à crise do setor público estatal, particularmente nos aspectos referentes às políticas sociais. Nos países da América Latina, o processo inflacionário atingiu patamares muito altos. Para o Brasil, a taxa média de inflação anual chegou a 370,2% [os autores citam Singer, 1993] (...) A proporção de pobres, estimada com base na renda *per capita*, que vinha se reduzindo desde a década de 60, passou a aumentar, chegando, ao final da década, a valores próximos a 40% da população para vários desses países. Tal crescimento ocorreu em conseqüência ao ajuste estrutural dessas economias, baseado na estabilização via fixação do câmbio e abertura do mercado interno às importações, com o desemprego e a recessão que tais políticas acarretaram [os autores citam Faria, 1992; e Singer, 1993] (...) Concomitantemente ao aprofundamento da crise econômica, as grandes cidades e áreas metropolitanas passaram a experimentar um crescimento explosivo da violência urbana. A violência pode ser definida como o resultado de processos sociais baseados na aplicação de força para o exercício de poder de alguém contra outro indivíduo, grupos, ou contra si mesmo, com intenção de provocar dano físico [os autores citam Lopez et al., 1992]. Dentre as diferentes formas de violência, destacam-se os homicídios...

Essa introdução afirma a relação entre os dois processos: o aprofundamento da crise econômica, como variável explicativa, e o crescimento da violência, como o processo que se explica. Não obstante, na análise estatística desaparece o aprofundamento da crise econômica. Em primeiro lugar, não são usados dados, ainda que disponíveis, sobre a inflação ou sobre a crise, como o desemprego, nas séries históricas; em segundo lugar, apesar de o próprio estudo demonstrar importantes variações no comportamento de subgrupos, essas variações são desprezadas e suas implicações para o encaixe teórico não são tocadas.

Segundo as análises dos autores, "entretanto, os diferentes grupos de idade mostraram comportamentos peculiares, não seguindo uma única tendência". Quais as implicações da grande diversidade de comportamentos que o estudo sublinhou (as taxas de homicídio de crianças e idosos terem crescido a valores constantes; haver diferença entre os sexos na faixa de 40-59 anos; aos 20 anos ter ocorrido crescimento nas taxas de homicídio até 1987, com posterior estabilização; os homens de 20-29 anos apresentarem taxas crescentes durante todo o período estudado etc.) para a teoria que vincula a crise econômica e a violência?

Embora os autores façam um "retorno" à teoria no final do trabalho, isso foi feito sem discutir a própria teoria a partir dos resultados. Por que, a despeito do agravamento das condições macroeconômicas, os homicídios de idosos e crianças cresceram a taxas constantes? Por que os sexos responderam diferentemente à crise nas diferentes faixas de idade? Fica claro que a crise era parte do "marco" teórico, mas não da pesquisa empírica. Por quê?

As teorias do homicídio baseadas em macrocovariatas são, felizmente, teorias explicativas do comportamento de *poucas pessoas*. Os homicidas só podem ser minoria.[71] Entretanto, num país como o Brasil, há cerca de 3.500 pessoas por homicídio cometido a cada ano. Mesmo supondo que ninguém mate duas pessoas num ano só, há centenas de pessoas com a mesma inserção estrutural dos homicidas. A *mesma* teoria macroestrutural (ou de outra índole explicativa) que pretende explicar o homicídio deixa de explicar centenas de não-homicidas. O viés determinista, tão caro às explicações macroestruturais, é o seu próprio coveiro. Para levar adiante a explicação, serão necessárias *novas* macrocovariatas e/ou respostas diferenciais entre indivíduos. As primeiras levam a uma busca que, após 150 anos, só explica a minoria, mas são um esforço positivo e necessário, ao passo que as segundas levam a uma salutar busca de explicações de outras naturezas e origens teóricas, que saem dos indivíduos ou de outros tipos de vinculação, não majoritariamente econômicas, com outros indivíduos, o que implica abandonar a ortodoxia. Para poder incluir a maioria dos homens e mulheres, tem-se que incluir a maioria das orientações teóricas.

No Brasil, o papel das covariatas estruturais é questão de ideologia, tanto no sentido amplo, político, quanto no sentido limitado, teórico. A forte tradição marxista das ciências sociais no Brasil e, mais genericamente, na América Latina gerou uma aglutinação interessante, uma vez que, durante várias décadas, a maioria dos marxistas rejeitou o uso de qualquer técnica quantitativa, ao passo que os não-marxistas ou os marxistas "dissidentes" as usavam.

Paulo Sérgio Pinheiro (1983) relacionava pobreza e crime. Já Cláudio Beato, comentando a perspectiva de Pinheiro e de outros, se coloca numa posição antagônica:

> Uma parte desta crença provém de uma questão bastante discutida no Brasil já há duas décadas a respeito da afinidade entre pobreza e crime [cita Pinheiro, 1983]. Não obstante as inúmeras vezes em que a afinidade entre estes fenômenos foi rechaçada ora em referência a inconsistências teóricas, ora às suas insuficiências empíricas [cita Coelho, 1978; Paixão, 1990; e Zaluar, 1999], esta discussão ainda permanece no cenário de nossos formuladores de políti-

---

[71] Salvo numa sociedade que pratique o homicídio, com vários assassinos atuando em sincronia e uma só vítima.

cas. Trata-se de argumento de grande apelo sensitivo, dado o enorme déficit brasileiro na promoção de bem-estar social das populações mais pobres. As evidências empíricas na qual assentam-se tais crenças, entretanto, revelam-se contraditórias.

Beato usa, então, dados referentes a Minas Gerais para demonstrar que a relação entre "o coeficiente de Gini, que é um indicador de pobreza relativa, com o percentual de famílias que vivem com menos de um salário mínimo, que é um indicador de pobreza absoluta," explica pouco da taxa de criminalidade violenta. Conclui que "pouca, quase nenhuma variação nas taxas de criminalidade violenta parece estar associada às medidas de desigualdade adotadas". A posição de Beato é comum a vários outros pesquisadores da violência, como Edmundo Campos Coelho, Paixão e Alba Zaluar, cujas pesquisas negavam validade empírica ao quase determinismo economicista de vários pensadores marxistas brasileiros de destaque. A importância desse debate entre os principais criminólogos do país nos leva a detalhá-lo.

Inicialmente, há uma controvérsia a respeito do efeito do desenvolvimento econômico e social *no nível agregado, entre estados*. Computando as taxas estaduais de homicídio, um procedimento metodologicamente arriscado devido à grande variância entre os estados no que concerne à confiabilidade dos dados, as percentagens dos municípios informantes e da população deixada de fora, não há correlação entre o nível de desenvolvimento e as taxas de homicídio. Em 1978, Edmundo Campos Coelho (1978) já argumentava que as variáveis policiais e judiciais predominavam na análise do crime violento no Rio de Janeiro.

Alba Zaluar (1999), por sua vez, argumenta que, *entre as capitais* (dados mais confiáveis do que os dos estados como um todo), as mais pobres *não* são as que apresentam as mais altas taxas de homicídio.[72] Juntamente com Noronha e Albuquerque (1994) inclui a debilidade institucional na matriz explicativa. Porém, no Brasil, a qualidade dos dados varia dramaticamente de estado para estado. Já Cardia, Adorno e Poleto (2003), usando

---

[72] Minhas análises, usando os dados do Sistema de Informações sobre Mortalidade, tampouco chegaram a correlações significativas entre essas duas variáveis, ainda que as diferenças entre as taxas de mortalidade dos diferentes estados sejam muito grandes.

dados da Região Metropolitana de São Paulo, mostram que os bairros mais pobres são os que apresentam as mais altas taxas de homicídios.[73] Essa constatação simplesmente confirma a máxima metodológica de que o que vale para um nível de agregação não vale necessariamente para os demais.

Finalmente, no nível individual, os dados referentes a vários países mostram que a violência física e o homicídio são fenômenos que afetam sobremaneira as classes mais pobres. Os pobres e os menos instruídos matam e morrem mais por violência, inclusive homicídio. Nada disso funciona no tempo: nos últimos 50 anos, o analfabetismo despencou no Brasil, assim como a mortalidade infantil e a pobreza *absoluta*; os níveis de consumo de todo tipo aumentaram, de tal maneira que alguns itens de consumo, que eram símbolos da elite há algumas décadas — como televisão e geladeira — hoje são encontrados em mais de 80% das residências. Os automóveis já chegaram à classe trabalhadora estabelecida e os computadores estão em via de fazê-lo. Porém, a pobreza *relativa* não diminuiu nas últimas décadas: se, no Brasil de hoje, os pobres são menos pobres, os ricos e a classe média também têm mais do que antes. Os coeficientes que medem a desigualdade variaram pouco. A despeito das melhorias absolutas, as taxas de homicídio não decaíram. Ao contrário, cresceram durante quase um quarto de século e só diminuíram depois do Estatuto do Desarmamento.

No Brasil, esse debate também atingiu o nível dos que discutem políticas públicas diretamente, dividindo-os entre os "teóricos", que sublinham as *causas sociais*, e os "pragmáticos", que sublinham que não dá para esperar até que se reforme a sociedade e/ou se eduque adequadamente uma nova geração de jovens.

Esse debate também existe em outros países, onde adquiriu conotações ideológicas claras. Nos Estados Unidos, um grupo acentuava as *root causes*, as *raízes* do crime, ao passo que outro as ignorava e enfatizava as medidas repressivas e preventivas não-sociais. George Kelling e William Sousa (2001) detalham criticamente a teoria das raízes:

> *These empirical findings became grist for the mill of new theorists who posited that crime was the result of collective "root causes" like social injustice, racism, and poverty. The practical implication of such root-cause theory was that crime*

---

[73] Infelizmente o estudo não controlou a taxa de crescimento demográfico recente, fator associado com o homicídio em vários países.

could only be prevented if society itself were radically changed. These views became memorialized in President Lyndon Johnson's Commission on Law Enforcement and Administration of Justice and became the virtual dogma of criminal justice thinking.[74]

Uma interpretação diferente da máxima (modificada) de Peel de que "o povo é a polícia e a polícia é o povo" foi colocada de forma clara pelo criminólogo australiano Philip Stenning (1984): "*in any democratic community two of the fundamental principles are those of accountability and control*". Como a autoridade é exercida em nome do povo e por delegação dele, a polícia responde ao povo por seus atos. Essa sensata interpretação supera as que defendem um "mandato em branco" para a polícia, que escreverá ela própria seus deveres e responsabilidades. É também a fonte do argumento de que as corregedorias são insuficientes e que ouvidorias são necessárias. A ouvidoria, e não a corregedoria, seria a primeira instância do controle civil.

Stenning enfatiza que o coração da polícia comunitária *não* é a polícia, de um lado, tentando ganhar o apoio da comunidade, que está do outro. Ao contrário, seria o *esforço conjunto* da polícia e da comunidade na realização da prevenção e da repressão.[75]

Macrocovariatas como contexto-dependentes

As macrocovariatas não têm o mesmo efeito sobre a taxa global de homicídios no mesmo tempo e lugar. Elas têm efeito forte, e na direção esperada, em alguns estudos; efeito moderado ou pequeno, também na direção esperada, em outros; e não têm efeito, ou têm efeito contrário ao esperado, em um terceiro grupo de estudos. Isso provoca uma enorme frustração. Essa inconsistência entre os resultados foi descrita por Land, McCall e Cohen (1990) da seguinte maneira:

(...) a literatura acumulada, ao invés de descrever um conjunto de relações invariantes em diferentes períodos de tempo e níveis de análise, geralmente

---

[74] Ver também Kelling, 1997.
[75] Uma discussão inteligente da polícia comunitária do ponto de vista da polícia é a de Moir, s.d.

indica um padrão de resultados inconsistentes (...) uma covariata estrutural que, em um estudo, tinha um efeito positivo sobre a taxa de homicídios que era estatisticamente significativo num nível particular de análise (cidade, região metropolitana, ou estado) pode ter efeito estatisticamente nulo ou até mesmo negativo em outros períodos ou níveis de análise.[76]

Land, McCall e Cohen concluíram que o grande causador da inconsistência é a multicolinearidade. Muitas das variáveis usadas para explicar o homicídio são altamente correlacionadas entre si. Esse problema se agrava na questão do que fazer com a variância redundante entre duas ou mais variáveis explicativas e a taxa de homicídios. Um procedimento comum e incorreto é atribuí-la toda à variável que o autor privilegia teoricamente. Outro, também estatisticamente questionável, mas teoricamente mais conservador, é atribuir às "demais" variáveis tudo o que possa ser atribuído, restando buscar a associação entre os resíduos. Não há procedimento metodologicamente à prova de erro. Por isso, Land, McCall e Cohen aconselham a pensar muito antes e a tentar resolver os problemas de colinearidade, para depois associar as macrocovariatas com o homicídio.

Além da colinearidade, muitas macrocovariatas têm efeitos diferenciais sobre subgrupos da população (maior entre homens, menor entre mulheres; mais fortes numa faixa etária do que em outras e assim por diante). Trabalhar apenas com um subgrupo (homens, por exemplo), ou com um subgrupo resultante da interseção de outros conjuntos (homens jovens, por exemplo), limita a abrangência dos resultados a esses subgrupos, o que é freqüentemente olvidado no texto, particularmente nas conclusões. Não obstante, é um procedimento justificável, orque os determinantes dos homicídios de/por homens e mulheres não são iguais, nem os de/por jovens e idosos etc.

O estudo de políticas públicas, ou de modificações políticas, enseja a verificação de seus efeitos *diferenciais*. Um excelente exemplo vem dos estudos de suicídios, associados com Ilka Mäkinen. Em um,[77] estuda as relações, em 1961-1963 e 1977-1979, entre variáveis socioeconômicas e as taxas de suicídio em 17 países. As relações estáticas em cada um dos

---

[76] Tradução do autor.
[77] Ver Mäkinen, 1997:19-29.

dois períodos mostram variações na magnitude dos coeficientes, mas, em geral, os coeficientes apontam na mesma direção. Numa segunda análise, Mäkinen correlacionou os valores das variáveis socioeconômicas, em 1961-1963, com as taxas de crescimento do suicídio no período estudado. Os resultados foram dramaticamente diferentes. Numa terceira análise, Mäkinen correlacionou as *mudanças* nas variáveis socioeconômicas e nas taxas de suicídio entre 1961-1963 e 1977-1979 e as comparou com resultados semelhantes para as mudanças entre 1977-1979 e 1988-1990.

As correlações no tempo sofreram mudanças consideráveis, algumas com troca de sinal. Comparando esse estudo com os realizados anteriormente por Sainsbury,[78] apenas 19 de 36 covariatas que tinham correlações significativas sobreviveram. Mäkinen sugere que os *níveis* das taxas de suicídio dependem de características estruturais que mudam lentamente, mas mudam, e que as flutuações e mudanças a curto e médio prazos nas taxas de suicídio dependem de outros fatores, inclusive de cunho internacional.

Em outro estudo, Mäkinen (2000) comparou os efeitos do fim da União Soviética sobre as taxas de suicídio durante os períodos de 1984-1989 e 1989-1994, cobrindo todos os 27 Estados existentes naquele bloco em 1994. Embora as mudanças políticas e socioeconômicas tivessem sido muito fortes, as taxas de suicídio apresentaram fortes mudanças em alguns Estados, modestas em outros e inexistentes em outros ainda.

A experiência brasileira confirma essas diferenças. Andrade e Lisboa (2000), examinando Belo Horizonte, o Rio de Janeiro e São Paulo, afirmam que:

> Existem basicamente três tipos de abordagem empírica que tentam explicar a relação de causalidade existente entre violência e condições socioeconômicas: análises em *cross-sections*, em séries de tempo e trabalhos baseados em pesquisas de vitimização que acompanham o comportamento individual. Os resultados observados nestes três tipos de análises são bastante diferenciados, sobretudo no que se refere ao impacto do desemprego.

A lição dos estudos comparativos e longitudinais é que todas as relações entre as macrocovariatas socioeconômicas e políticas com as taxas de homicídios (e de suicídios) são contexto-dependentes.

---

[78] Sainsbury, 1986:17-40; e o estudo original Sainsbury, Jenkins e Levey, 1980:38-53.

A análise do homicídio de crianças exemplifica como um tipo de variável pode ter alto poder explicativo num subconjunto de países, mas não em outro. Fiala e LaFree (1988) fizeram um estudo comparativo, internacional, das taxas de homicídio de crianças. Entre os países industrializados, altas taxas de participação feminina na força de trabalho, baixo *status* da mulher *e* gastos baixos com previdência e desenvolvimento social conduzem a taxas altas; já entre os países subdesenvolvidos não foram encontradas covariatas estruturais que explicassem a variância entre as taxas. Evidentemente, a explicação passa pela estrutura familiar, embora ela estivesse sendo indicada indiretamente pela participação feminina na força de trabalho e pelo baixo *status* da mulher.

Outra variante de contextualização é encontrada no trabalho de Cerqueira e Lobão (2002). Analisando quatro estados — Rio de Janeiro, São Paulo, Minas Gerais e Espírito Santo — os autores calcularam as elasticidades do homicídio em relação aos preditores que usaram, a desigualdade (medida pelo coeficiente de Gini), a renda *per capita* e as despesas com segurança pública. Mostraram que a elasticidade das variáveis independentes é claramente diferente nos quatro estados. Por exemplo, 1% a mais no coeficiente de Gini provoca uma elevação muito maior no Rio de Janeiro e em São Paulo do que em Minas Gerais. Evidentemente, há algo a respeito de Minas Gerais, que difere do Rio de Janeiro e de São Paulo, que atua como interveniente nessa relação e que não é nenhuma das variáveis incluídas na equação usada por Cerqueira e Lobão, embora possa interagir com uma ou mais delas. Os dados cobrem séries temporais de 1981 a 1999. As principais conclusões dos autores são:

- nos quatro estados, aumentos na desigualdade de renda aumentam a taxa de homicídios;
- nos quatro estados, aumentos nas despesas com segurança pública diminuem a taxa de homicídios;
- em três estados (RJ, SP e ES), um aumento na renda *per capita* diminui a taxa de homicídios;
- nos quatro estados, a elasticidade da desigualdade é maior do que as demais.

Outras conclusões mostram o caráter contexto-dependente dessas relações:

- as elasticidades variam muito entre os estados;

- a elasticidade do homicídio em relação aos coeficientes de Gini varia de –2,726 no Rio de Janeiro a 0,409 em Minas Gerais;
- a elasticidade do homicídio em relação à renda *per capita* varia de –0,259 no Rio de Janeiro a não significativa em Minas Gerais;
- a elasticidade do homicídio em relação às despesas com segurança variam de –0,481 no Rio de Janeiro a –0,003 no Espírito Santo;
- as taxas de homicídio no Rio de Janeiro respondem mais a essas três variáveis do que as dos outros três.

Embora não tenham sido publicados os coeficientes de determinação do modelo em cada um dos estados, a inspeção visual sugere que ele varia muito entre eles.

Tabela 25

**Elasticidade quanto aos homicídios de três preditores
em quatro estados**

Estados	Gini	Renda	Gastos com segurança
RJ	2,726	0,259	0,481
SP	2,325	0,013	0,100
ES	1,335	0,150	0,003
MG	0,409	—	0,118

Nota: Elaborada com base na tabela 1 de Cerqueira e Lobão, 2002.

Esses resultados sugerem que certas generalizações podem ser feitas, mas com cuidado, e que as macrocovariatas são úteis na análise do homicídio. Porém, são muito abrangentes e se aproximam do limite de sua utilidade. Precisamos de estudos longitudinais e com unidades espaciais e temporais menores para o próximo passo. As interações macro-micro são indispensáveis para avançar o conhecimento.

Andrade e Lisboa (2000) sublinham que:

(…) a idade é extremamente importante no entendimento da relação entre violência e ciclos econômicos. O comportamento das variáveis econômicas, salário real e desemprego, é bastante diferenciado tanto no sinal da relação quanto na intensidade.

Os autores confirmaram que o salário real e o desemprego se relacionam diferentemente com o homicídio, de acordo com as faixas etárias.

O efeito é maximizado entre os adolescentes de 15-19 anos, faixa na qual "o aumento do salário reduz os homicídios". Porém, já na faixa dos 20-29 anos, "a importância do salário é praticamente nula".

A contribuição mais importante de Andrade e Lisboa, segundo alguns, é estabelecer o vínculo entre variáveis econômicas e crime; segundo outros, é a modelagem. Na minha opinião é a contextualização correta na qual os autores interpretaram os resultados. Reforçaram a posição de que modelos preditivos temporais não têm a mesma validade para diferentes segmentos da população. Esse é um importante passo para contextualizar os resultados.

As variáveis políticas como contexto

Outra contextualização importante é a *política*: afinal, as políticas públicas podem aumentar ou diminuir as taxas de homicídio. O crescimento continuado das taxas de homicídio no país levou os mais reacionários a questionar a democracia, sugerindo que, durante a ditadura militar, crime e violência não cresciam. Os dados que tenho mostram o contrário.

Gráfico 32
Taxas de homicídio: Região Metropolitana de São Paulo, 1980-1984

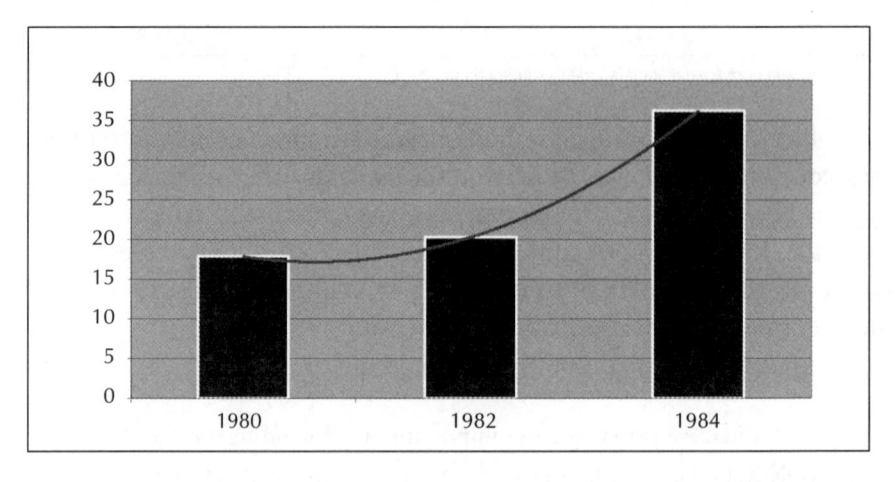

As taxas de homicídio cresceram rapidamente na Região Metropolitana de São Paulo entre 1980 e 1984, últimos anos integralmente passados sob o regime militar.

Dados de outros tipos confirmam que *políticas públicas* corretas diminuem as taxas de homicídio. Exemplificando, a taxa de homicídios em Diadema, São Paulo, foi reduzida drasticamente entre 1999 e 2004. Em parte, essa redução se deveu à redução mais geral observada no estado, mas em parte significativa foi propiciada pela implementação de medidas corajosas, como a "Lei Seca", que deve ser analisada no conjunto de outras medidas, e não, isoladamente. O resultado foi significativo. (Duailibi et al., 2007)

Gráfico 33
Redução das taxas de homicídios: Diadema (SP), 1995-2004

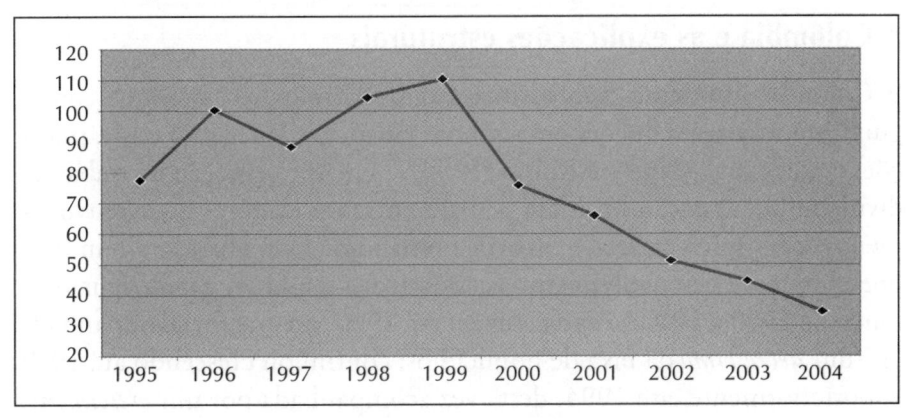

O número absoluto de homicídios continuou caindo: de 325 em 2002, para 297, 213, 177 e 121 nos anos seguintes (Waiselfisz, 2008).

Gráfico 34
Os homicídios continuaram caindo no estado de São Paulo, 2002-2004, por trimestre

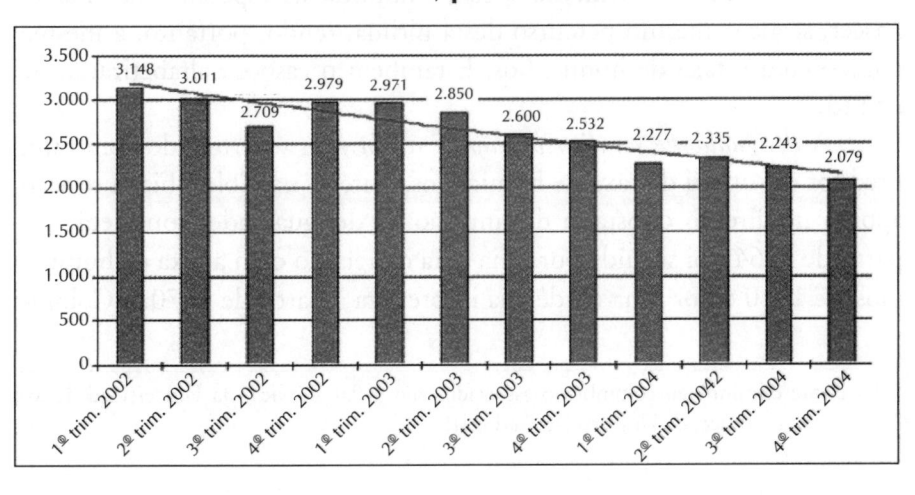

A queda no estado de São Paulo implicou muitas vidas salvas: somente entre janeiro e novembro de 2006, observamos que houve mil homicídios a menos do que em 2005 (Soares, 2007).

Há políticas públicas que têm excelentes resultados: no Brasil, o estado de São Paulo se empenhou na redução dos homicídios e, efetivamente, houve uma baixa significativa na taxa de homicídios do estado. O resultado, a partir de 2002, é encorajador.

A Colômbia e as explicações estruturais

A Colômbia, um caso de altíssima taxa de homicídios, mas que conseguiu importantes reduções em algumas cidades, é a negação das explicações estruturais. Maurício Rubio (1996),[79] em apresentação de trabalho, divulgou uma relação bivariata *positiva* entre indicadores de desenvolvimento econômico e social e taxas de homicídio. Trabalhando um indicador clássico de desenvolvimento econômico, a renda *per capita*, igualou a renda de 1950 a 100. A renda cresceu até 1970, no que foi acompanhada por um *decréscimo* da taxa de homicídios; continuou crescendo até 1987 e, posteriormente, até 1994, desta vez acompanhada por um *crescimento acelerado* da taxa de homicídios.

O mesmo aconteceu com o desenvolvimento social: a esperança de vida ao nascer, um indicador clássico de desenvolvimento social, aumentou em mais de 60% no mesmo período, mas a taxa de homicídios seguiu o percurso já descrito: baixa entre 1950 e 1970 e crescimento acelerado nos 24 anos seguintes. A mortalidade infantil, outro indicador robusto (negativo) de desenvolvimento social, embutido na esperança de vida ao nascer, segue o mesmo percurso desta última, tendo, portanto, a mesma relação com a taxa de homicídios. É também o caso da alfabetização de adultos.

A *desigualdade na distribuição de renda* vem se firmando como um preditor estrutural da taxa de homicídios. Porém, na Colômbia, a relação aponta na direção oposta: a diminuição da desigualdade, considerável a partir de 1964, foi seguida por uma falta de relação com a taxa de homicídios até 1970 e por uma tendência imprevista a partir de 1970: a Colôm-

---

[79] Excelente criminólogo colombiano associado com a Paz Pública, da Universidade de los Andes, e com o Iudec, da Universidade Carlos III.

bia *diminuiu* consideravelmente a desigualdade nos 24 anos seguintes, mas a taxa de homicídios cresceu aceleradamente.

Essa experiência confirma o encontrado no nível bivariado no Brasil: desde que passamos a ter dados sobre a taxa de homicídios, em 1979, houve uma melhoria considerável na renda *per capita*, um aumento significativo na esperança de vida ao nascer e uma redução também significativa no seu principal componente negativo, a taxa de mortalidade infantil; um aumento considerável na escolarização e na alfabetização da população e, não obstante, um crescimento das taxas de homicídio. Já a distribuição de renda foi uma quase-constante durante mais de três décadas: mudou pouquíssimo, não contribuindo para explicar o crescimento da taxa de homicídios.

No nível municipal, Sarmiento e colaboradores (1998) demonstraram que a pobreza não explica as grandes diferenças entre as taxas de homicídios dos municípios colombianos.

Colômbia: três cidades, três programas, três resultados

Três cidades colombianas ilustram a influência das políticas públicas sobre as taxas de homicídio; são interessantes porque ilustram seqüências diferentes de políticas públicas e seus efeitos:

- Os dados sobre Bogotá demonstram que, quando uma política pública acertada passa de política de governo a política *de Estado*, há benefícios evidentes, há continuidade. O número *absoluto* de homicídios decresceu ano a ano entre 1994 e 2004, de 3.664 para 1.571.
- O mesmo é válido para Medellín, uma experiência menos conhecida que a de Bogotá, e que reduziu ainda mais o número de homicídios, de 5.284 para 1.517 no mesmo período; porém, a redução não foi linear, nem por amplo período, como em Bogotá: houve uma redução modesta de 1994 a 2002 e uma grande baixa de 2002 para 2003 e desse ano para 2004, o que leva o analista a suspeitar de que houve pelo menos *dois* conjuntos de políticas, um moderadamente exitoso e outro muito exitoso;[80] outro conjunto de dados também mostra

---

[80] Salvo erro ou fraude estatística.

um decréscimo acelerado, mas os momentos variam. O estudo, de Cardona e outros (2005), mostra um acelerado descenso das taxas de homicídio em Medellín, de aproximadamente 375 em 1992/1993 para pouco mais de 150 em 1998/1999, uma das maiores reduções da história do crime. É preciso não esquecer que, em Medellín, o confronto entre os narcorrevolucionários e os para-militares foi intenso.

- Já Cali experimentou um conjunto de políticas acertadas, inclusive algumas integradas no Desepaz, que foram interrompidas, com o esperado subseqüente crescimento da taxa de homicídios a partir de 1998/1999. Houve um decréscimo de 2.498 para 1.794 homicídios em 1997 e um crescimento, a partir de então, que chegou a 2.402 casos em 2004. Não houve continuidade nas políticas. Os dados da prefeitura confirmam: entre 1999 e 2004, a taxa de homicídios em Cali se manteve perto de 90, a despeito de um decréscimo na taxa de desemprego de 20 em 1998 e 1999 para 19,7; 17,3; 16,4; 13,3 e 14,2 em 2004.[81]

Essas variações são perceptíveis tanto na tabela quanto nos gráficos correspondentes.

Tabela 26

Homicídios por cidades: Colômbia, 1994-2004

Anos	Medellín	Bogotá	Cali
1994	5.284	3.664	2.498
1995	5.285	3.385	2.267
1996	5.257	3.296	2.187
1997	4.478	2.810	1.794
1998	4.083	2.483	1.871
1999	4.288	2.409	2.181
2000	4.296	2.264	2.249
2001	4.610	2.052	2.299
2002	4.697	1.898	2.315
2003	2.679	1.605	2.328
2004	1.517	1.571	2.402

Fonte: Dijin.

---

[81] Dados de homicídios do Comité Interinstitucional del Observatorio Social (Policía Metropolitana de Santiago de Cali — CIC e Sijin, Fiscalía — CTI — Medicina Legal, Secretaría de Gobierno), processados pelo Observatório Social da Secretaria de Governo de Santiago de Cali, em 2005.

Gráfico 35
Número de homicídios: Medellín, Bogotá e Cali, 1994-2004

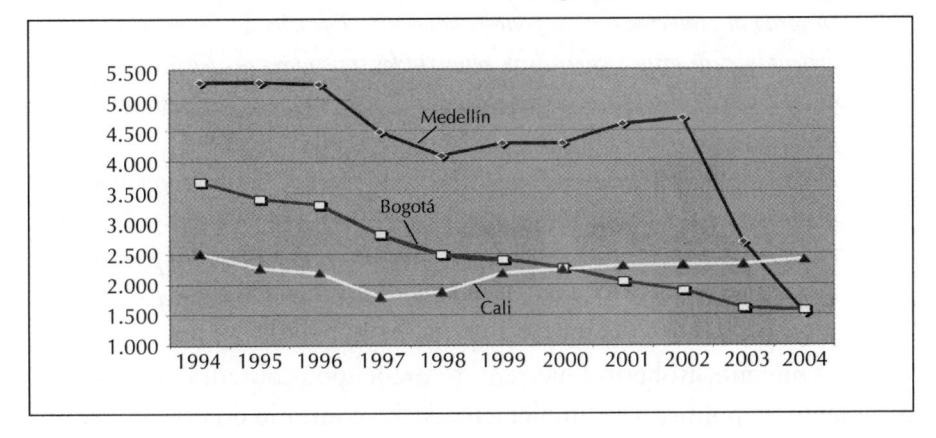

Gráfico 36
Taxa de homicídios por 100 mil habitantes:
Colômbia e Bogotá, 1964-2003

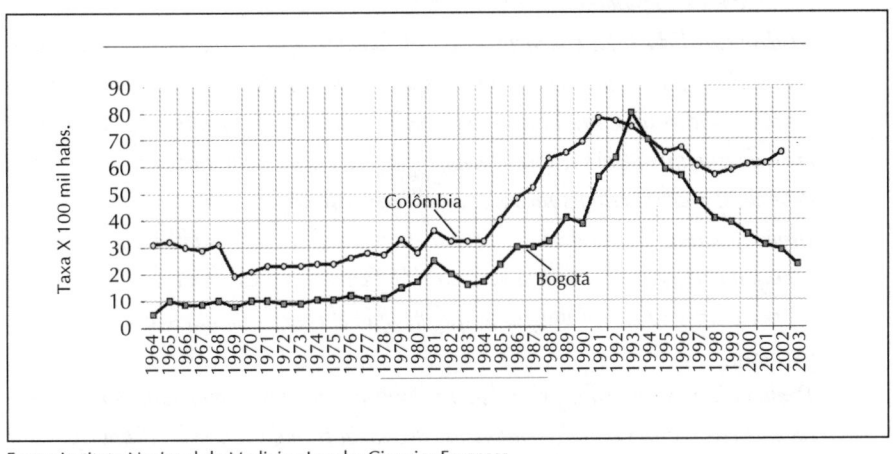

Fonte: Instituto Nacional de Medicina Legal y Ciencias Forenses.

Cali experimentou um crescimento acelerado da taxa de homicídios, que saltou de 23 para 90 por 100 mil habitantes entre 1983 e 1993, segundo a Secretaría de Salud de Cali. Foi, então, instalado o programa *Desarrollo, Seguridad y Paz*, conhecido pela sigla Desepaz, e o prefeito nomeou um conselho informal com ampla participação política e ideológica. Em suas próprias palavras:

(…) El grupo de consejeros fué escogido teniendo cuidado de incluir las más variadas vertientes ideológicas y políticas, pues buscaba generar un consenso general en torno al problema y a sus posibles soluciones. Participaron como consejeros representantes de grupos guerrilleros reinsertados, miembros del partido comunista, de las centrales obreras, de los gremios industriales y comercio y representantes de la jerarquía de la Iglesia Católica (…)

Después de varios meses de trabajo conjunto con funcionarios de la administración municipal se elaboró el Programa, el cual una vez aprobado por el Consejo de Gobierno Municipal (el conjunto de secretarios del despacho), fué presentado al Consejo Municipal de la ciudad y recibió amplia difusión en los medios.

O prefeito, Roberto Guerrero, se preocupou sobretudo com o embasamento da política a ser implementada, ao contrário do prefeito de Bogotá, Antanás Mockus, que enfatizou a participação acadêmica e científica. Os princípios da ação em Cali foram explicitados por Guerrero:

Principios Orientadores.

Multicausalidad. *La violencia parece ser la expresión de diversos y complejos procesos sociales y son muchos los factores causales que la provocan. No es posible por lo tanto encontrar una única causa que puede explicar todo el fenómeno. Como corolario de esta afirmación se puede pensar que la solución al problema de la violencia debe comprender acciones multiples, a diversos niveles.*

Investigación. *Es necesario el acopio sistemático de más información sobre las manifestaciones de la violencia y sus posibles factores causales. La investigación debe ser parte integral de un programa que busque el control de la violencia y la inseguridad.*

Prevención. *Se debe dar prioridad a la prevención sobre la represión. Sin desconocer que esta última es indispensable, es necesario trabajar sobre las causas más que sobre los efectos. Se considera que el tratamiento tradicional, basado en mecanismos represivos, ha sido desbordado por los niveles de violencia existentes en la ciudad.*

Participación. *La paz y la seguridad, si bien son responsabilidad primordial del gobierno, deben ser asuntos que involucren la totalidad de la ciudadanía, la cual debe ser informada amplia y suficientemente.*

Tolerancia. *Un clima de tolerancia y respeto por la opinión y el derecho ajenos debe ser telón de fondo para cualquiera de las intervenciones que se pretendan realizar y, por lo tanto, debe ser estimulado por la administración municipal.*

Equidad. *Independiente de cualquier asociación causal con la violencia, se debe promover activamente la equidad y la disminución de las desigualdades existentes en la ciudad.*

À semelhança do programa Paz no Trânsito, o Desepaz realçou a pesquisa sistemática da violência, começando por sua *epidemiologia*. Um grupo interdisciplinar se reunia semanalmente para analisar *os dados da violência da semana anterior e preparar um relatório, sugerindo medidas*. A primeira preocupação foi metodológica:

> *Una de las primeras tareas del grupo fué lograr un consenso en torno las variables por analizar y la forma operacional de definirlas. Esto se tradujo en una concordancia casi absoluta entre todas las fuentes de información, que anteriormente producían información muy distinta.*

Além disso, pesquisas de opinião eram levadas a cabo semestralmente, o que permitiu acompanhar como a cidadania reagia às medidas adotadas e às ações da polícia e da justiça.

Os efeitos do Desepaz podem ser observados graficamente: a escalada da violência, que vinha desde pelo menos 1983, levou Cali a uma taxa superior a 120 por 100 mil habitantes. O Desepaz impediu a continuação do crescimento da violência, reduzindo as taxas para menos de 90 por 100 mil em três anos.[82] Infelizmente, a descontinuidade dos programas colocaram Cali de volta no patamar de 2.400 homicídios anuais.

Medellín também registrou uma grande alta da taxa de homicídios, um período de baixa, seguido por novo período com leve tendência ao aumento e, finalmente, por um período de claro descenso, um dos maiores já observados na história contemporânea. Os dados apresentados a seguir partem de definições ligeiramente diferentes dos apresentados conjuntamente com os referentes a Bogotá e Cali. Não obstante, a tendência é a mesma.

---

[82] Informações retiradas parcialmente de Rodrigo Guerrero, programa *Desarrollo, Seguridad y Paz* (Desepaz) da cidade de Cali, de programas municipais de prevenção e combate à violência, jul. 1999.

Gráfico 37
Desepaz e mortes violentas em Cali

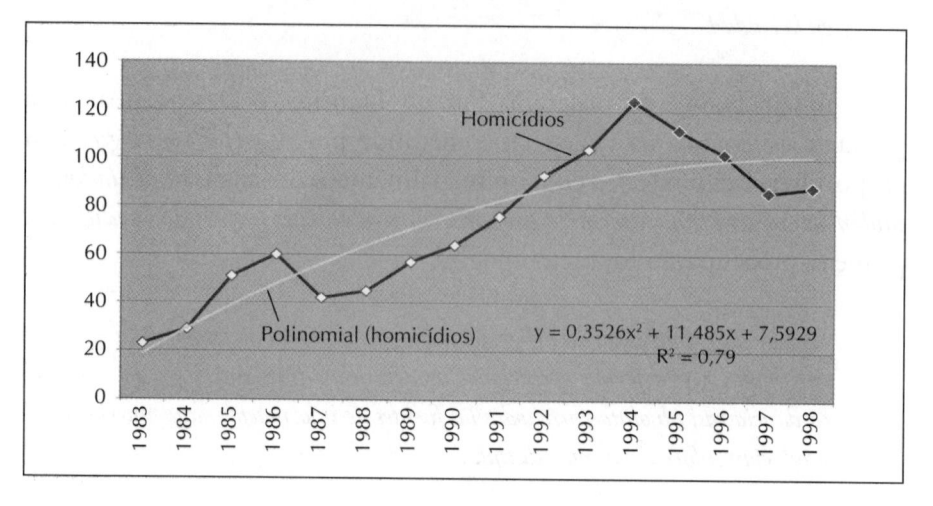

Gráfico 38
Evolução da taxa de homicídios de Medellín em comparação com a taxa nacional, 1990-2003

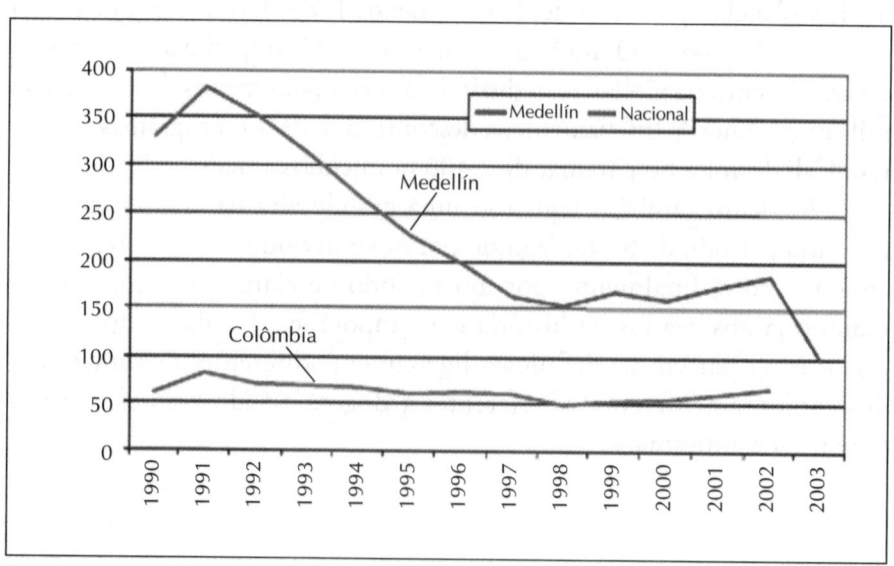

Fonte: Secretaria de Gobierno, Fiscalla General de la Nación.

Mas outras condições poderiam explicar parcialmente o declínio da taxa de homicídios entre 1991 e 1997.

Tolerância zero

Nova York foi o palco de um dos programas mais divulgados de combate ao crime — o Tolerância Zero — mesmo título adotado por outros programas. O Tolerância Zero teve um êxito estrondoso: o número de homicídios em Nova York foi drasticamente reduzido de 2.245, em 1990, para 606, em 1998. Os crimes no metrô foram reduzidos em 80% e outros crimes, como estupro, assalto e furto/roubo de veículos, também sofreram reduções. Um crítico do programa publicou dados que confirmam esse sucesso: os homicídios declinaram 72% entre 1990 e 1998 e os crimes violentos, no total, caíram 51%.[83]

Esses números, aliados ao seu rápido uso como propaganda política da direita, favorável a medidas duras, geraram uma divulgação às vezes muito distorcida de seu conteúdo e das noções teóricas que alicerçaram o Tolerância Zero.

Os princípios do programa foram adotados por outras agências da cidade, como o *Department of Correction.* Tanto os presos quanto os agentes passaram a ser responsáveis pela redução da violência e do contrabando. Por essas regras, os presos que ferissem outro(s) seriam acusados e processados, o que poderia aumentar a pena em até sete anos. O resultado foi um declínio de 90% na violência dos presos no complexo penitenciário da ilha de Rikers. Porém, se, por um lado, houve uma redução na violência, por outro, 75% dos presos foram presos outra vez antes de passado um ano de sua soltura.[84]

Os fundamentos teóricos do programa Tolerância Zero foram lançados no artigo "Broken windows: the police and neighborhood safety", de Wilson e Kelling (1982). Do ponto de vista da elaboração teórica, as

---

[83] Shelden, s.d.
[84] Karmen, 2004:23-39.

broken windows estão mais para um conjunto de "noções" do que para uma teoria elaborada. Uma delas se baseia na teoria "involutiva" do crime: o crime começa pequeno, cresce e termina grande. A outra, menos elaborada, usa a descrição já clássica dos próprios autores: "*If a window in a building is broken and left unrepaired, all the rest of the windows will soon be broken*".

Subjacente a essa expressão simples, há a idéia de que "ninguém se importa" ou, em carioquês, de que "bagunçou geral". Fim da ordem, fim da autoridade. Como resultado, os espaços realmente públicos vão diminuindo e os "cidadãos de bem" ficam limitados a áreas da cidade cada vez menores e a horários cada vez mais restritos. A bandidagem, que as autoridades de Nova York percebiam como composta por uma forte sobre-representação de homens jovens, pobres e negros, invadia os espaços públicos, encurralando a cidadania.

A junção das duas vertentes se dá na "tese das incivilidades". As pequenas incivilidades (pichações, urinar em público, bêbados na rua, moradores e meninos de rua, invasões de áreas públicas e privadas — muitas, no Rio, seriam consideradas favelas —; comportamentos destrutivos como desfigurar monumentos etc.) gerariam essa impressão de que não há governo, não há poder, não há autoridade. E as ruas seriam progressivamente conquistadas pelo crime.

A teoria das *broken windows* é, sobretudo, uma teoria do "astral" de um local. Não é uma teoria de pessoas, mas uma teoria do astral das comunidades. O desleixo físico e social enviaria sinais a adolescentes, pré-adolescentes e jovem adultos, estimulando-os a [novos] atos incivis. Esses pequenos (e não tão pequenos) delinqüentes acabariam intimidando a cidadania mais frágil, como idosos, mães, mulheres, numa escalada que chegaria até a afugentar a própria polícia. Inclui a "tese das incivilidades".[85] A hipótese subjacente ao patrulhamento a pé é que este evitaria a espiral do crime, não só impedindo os pequenos crimes e incivilidades, como estabelecendo relações com a população.

---

[85] Taylor, s.d.

Há importantes diferenças entre a teoria das *broken windows* e o Tolerância Zero. O foco não é o mesmo: a teoria das janelas quebradas se dirige a comunidades, ao passo que o programa Tolerância Zero se dirige a pessoas. Dois críticos expõem essa diferença:

> *The idea behind "broken windows" is to make public space hospitable for everyone by eliminating incivilities that keep people off the streets. It's designed with policing communities, not people, in mind. Zero tolerance policing, by contrast, aggressively targets people — with results that even broken windows proponents agree can be disastrous.*[86]

Outras cidades norte-americanas adotaram programas semelhantes. Nova Orleans, por exemplo, sob o comando do chefe de Polícia Richard Pennington, que fora subchefe de Polícia em Washington, DC, iniciou um programa pautado pelo de Nova York. É interessante salientar que Pennington veio "de fora". Houve um concurso *nacional*, e ele foi o escolhido.

Uma das primeiras medidas foi solicitar a ajuda do FBI, considerando que a polícia de Nova Orleans estava tão comprometida que não poderia fazer a limpeza internamente. Mais de 200 policiais — um sexto do total — foram despedidos ou suspensos. Do lado positivo, foram contratados 400 policiais para reforçar a polícia, que contava com 1.300, e os salários foram aumentados, com a intenção de incentivar o bom desempenho. Pennington usou vários dos mesmos programas de Nova York, incluindo a polícia comunitária, a informatização e a criação, como em Nova York, do Comstat.

Os resultados não se fizeram esperar: já no primeiro ano houve um declínio de 18% na taxa de homicídios e de 32% na de assaltos a mão armada, ao passo que a taxa de resolução de crimes aumentou 25%.

Em Nova Orleans também houve problemas de multicolinearidade: a cidade, como todo o país, experimentou um *boom* econômico, certa-

---

[86] Clear e Fagan, 2001.

mente reforçado pelo aumento da segurança, o que tornou difícil separar o efeito da redução do desemprego e outras mudanças na economia dos efeitos das medidas político-policiais.

O prestígio e a influência do programa ultrapassaram as fronteiras de Nova York e dos Estados Unidos. Tony Blair, então primeiro-ministro da Grã-Bretanha, referiu-se entusiasticamente a ele e, na Austrália, o Território do Norte e a Nova Gales do Sul consideraram adotar os seus princípios.

Na Austrália, onde dois governos estaduais flertaram com a teoria, houve um interessante debate. Afinal, embora o crime na Austrália esteja crescendo há muito tempo, a taxa de homicídios é muito mais baixa do que em Nova York (antes, durante e depois do Tolerância Zero). Nicole Billante (2003), em sensato artigo, afirma que o Tolerância Zero se baseia em três princípios tradicionais da melhor ciência policial: dissuasão pela forte presença policial, patrulhamento intenso das áreas "quentes" e prisões focalizadas,[87] partindo do princípio de que um número relativamente pequeno de criminosos é responsável por uma percentagem bastante alta de crimes.[88] O problema, na Austrália, seria o baixo policiamento. O número de policiais por mil crimes sérios levados ao conhecimento da polícia caiu de 225 para 60 em 40 anos. Para recuperar o nível anterior "seria necessária [a contratação] de mais de 110 mil novos policiais", o que seria impraticável, dadas as restrições orçamentárias do país.

O leitor atento verá que nenhuma das condições enumeradas por Billante é satisfeita no trabalho de policiamento de regiões metropolitanas como a do Grande Rio. Billante, que critica o Tolerância Zero, apresenta um quadro que resume os tipos de relações entre *intelligence*[89] e prática policial, com base no qual construí uma apresentação das práticas policiais em forma de organograma:

---

[87] Combina essas características com outras relevantes, como horários, dias da semana, proximidade de bares e outras atividades que aumentam a probabilidade de que um crime seja cometido.

[88] Ver também Farrington, 1992:521-536; e Chilvers e Weatherburn, 2001.

[89] "Inteligência" no sentido de coleta, organização e análise de informações direcionadas para a solução de problemas.

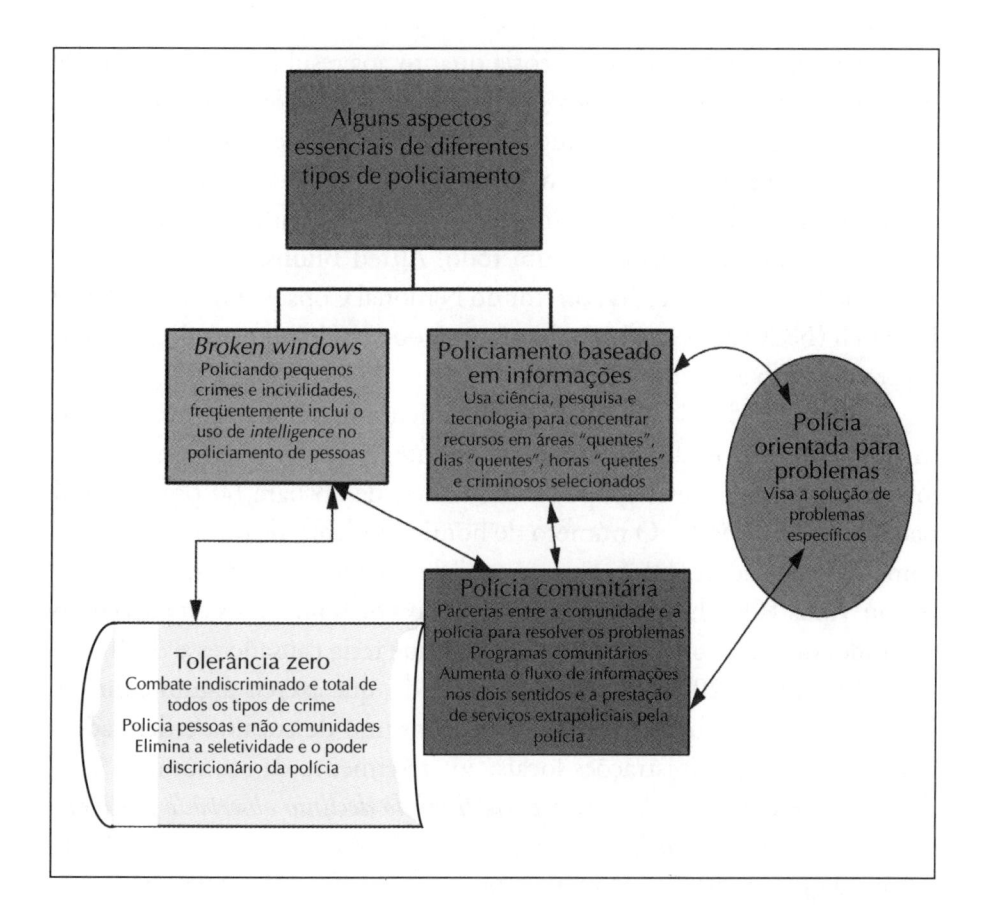

Billante argumenta que, enquanto as taxas de criminalidade explodiam em muitos países ocidentais nas décadas de 1960 e 70, as práticas policiais se dirigiram para a prevenção e a repressão de "crimes graves", e que desordens, crimes leves e incivilidades foram toleradas. A ênfase em tecnologia avançada (rádios bidirecionais, disque-denúncia, sistemas de atendimento imediato etc.) levou a polícia a concentrar seus recursos em crimes como roubos, agressões, assaltos etc. Minivandalismos; pichações; população dormindo, urinando e defecando na rua passaram a ser irrelevantes, dada a gravidade dos outros crimes.

Essa perspectiva foi contrariada pelo célebre artigo "Broken windows", de James Q. Wilson e George Kelling (1982). Mas foi o trabalho de Wesley Skogan (1990) que deu maior credibilidade a essa hipótese dentro da criminologia com rigor acadêmico.

Há sérias críticas tanto à teoria quanto aos resultados. Havia razões ponderáveis para discordar dos créditos que os mentores do Tolerância Zero se outorgavam, além das inevitáveis "razões políticas" para reduzir os méritos do programa. Sobretudo, outras coisas que estavam acontecendo nos Estados Unidos contribuíram para a redução do crime, não apenas em Nova York, mas no país como um todo. Alfred Blumstein, professor da Carnegie Mellon University, diretor do National Consortium on Violence Research (NCOVR), explica o decréscimo observado no período partindo do crescimento anterior.

Entre 1985 e 1993/1994, o crescimento acelerado da taxa de homicídios foi provocado, predominantemente, por adolescentes e homens jovens. As prisões, nesse grupo, aumentaram de 23 para 60 por 100 mil naquele curto período. O número de homicídios com revólveres e pistolas cometidos por adolescentes com menos de 18 anos mais do que quadruplicou. Após 1995, houve um declínio na taxa de homicídios do país como um todo, que marcou a "era Clinton". O que teria causado esse declínio?

Blumstein (2000) o credita à Lei Brady, que exercia algum controle sobre as armas de fogo; ao declínio do consumo de cocaína e derivados; a iniciativas de administrações locais; ao crescimento da economia e à redução do desemprego. Assim, *a parte final do declínio observado em Nova York poderia ser atribuído a outros fatores, de ordem nacional.* A Lei Brady permitiu que a polícia fosse mais agressiva no confisco de armas em poder de pessoas que, legalmente, não poderiam portá-las.[90] Mas outro estudo considera que não há dados que permitam fazer essa avaliação. O único impacto estatisticamente seguro seria a redução dos suicídios na faixa dos 55 anos.[91]

Uma crítica séria ao programa é que a redução teria sido mais alta exatamente onde a elevação fora mais alta, devido à epidemia de *crack*: Harcourt e Ludwig (2005), numa comparação entre cinco cidades, mostram que em Nova York, como nas outras cidades, as áreas com maior aumento de criminalidade (e de consumo de *crack*) foram as que experimentaram os maiores declínios posteriormente.

---

[90] A Brady Handgun Violence Prevention Act foi promulgada em fevereiro de 1994. Requeria verificar os antecedentes dos compradores de armas e um período de espera de cinco dias.
[91] Ver Ludwig e Cook, 2000:585-591.

Bowling (1999) também destacou o declínio do *crack* como um fator importante, além de tecer comentários — muito necessários — sobre os erros implícitos na noção de tolerância zero de Nova York. Além dos créditos, havia a questão espinhosa da violência policial. Até que ponto a redução do crime e da violência justifica o aumento da violência policial?

Neste particular, houve uma guerra de dados no mundo da imprensa. Os defensores do Tolerância Zero, capitaneados por MacDonald, alegavam que, em 1998, menos de 1% dos policiais usou suas armas, o que representaria 25% a menos do que o verificado no último ano do prefeito anterior, David Dinkins. O número de pessoas baleadas por policial recuou 67% entre 1993 e 1998. O número absoluto de mortes legais diminuiu, a despeito de um aumento de 36% no número de policiais. A autora continua, com dados comparativos: a taxa de pessoas baleadas por mil policiais seria 0,48 em Nova York, 0,72 em Filadélfia, 2,01 em Miami e 3,12 em Washington, DC, talvez a cidade mais corrupta do país e uma das mais violentas.[92]

A hipótese mais comum a respeito dos indicadores da violência policial é que, *outras coisas sendo constantes,* o número pode aumentar no início de um programa baseado na repressão e no policiamento ostensivo e deve diminuir à medida que o crime for controlado. O controle do crime reduz as situações em que os policiais precisam usar armas, assim como as situações *cinza,* sujeitas a interpretação. Porém, essa lógica é alterada pela violência policial *acima do mínimo necessário* e pela corrupção. A corrupção significa maior probabilidade de confronto dos bandidos de farda com os sem farda e dos bandidos de farda com a população honesta.

Programas dirigidos a populações específicas

Somente alguns programas de redução da violência são "genéricos", como desarmamento e controle de bebidas alcoólicas e de drogas; a maioria dos programas bem-sucedidos é específica. Esses programas *partem* do conhecimento dos fatores de risco para grupos específicos de vítimas.

---

[92] Dados de MacDonald, 1999. A *City Journal* é uma revista publicada pelo conservador Manhattan Institute e MacDonald é uma notória defensora das políticas de Giuliani.

Assim, os preditores da violência letal contra mulheres por seus parceiros exemplificam a necessidade de elaborar medidas de prevenção específicas. Campbell e colaboradores (2003) mostraram que, *no contexto norte-americano*, violências prévias aumentam muito o risco de morte, particularmente o estrangulamento prévio, ataques recentes (o que significa que o poder preditivo dos ataques diminui com o tempo) e a freqüência da violência contra a mulher. Já Campbell, Glass, Sharps, Laughon e Bloom (2007) concentraram seus esforços nas características dos parceiros assassinos: o alcoolismo e as drogas aumentam muito o risco. Os homens que praticam violência contra suas parceiras e os que as matam têm uma probabilidade muito mais alta de beber diariamente e de usar drogas do que os que não são violentos e os que não matam. Jacquelyn C. Campbell e colaboradores (2003) acrescentam um poderoso fator de risco: a presença de armas de fogo na casa. Analisando apenas as variáveis sociodemográficas, outro estudo realizado nos Estados Unidos, *Risk factors for femicide in abusive relationships*, concluiu que tanto o homicida quanto sua vítima tinham maior probabilidade de serem negros e desempregados que não buscavam trabalho. Uma análise multivariada sublinhou a importância do desemprego entre as variáveis sociodemográficas.[93]

Conseqüentemente, programas *sociais específicos* reduzem as taxas de homicídio, mas não beneficiam todos igualmente. O Aid to Families with Dependent Children (AFDC) beneficiou mais uns tipos de pessoas do que outros. Nas áreas que receberam mais recursos do AFDC, as taxas de homicídios de homens negros solteiros, homens brancos solteiros e mulheres negras solteiras eram mais baixas do que nas que receberam menos recursos, mas não houve diferença no caso de mulheres brancas solteiras.[94]

Este é um ponto importante. Existe uma relação entre assistência a programas familiares e de defesa de mulheres abusadas e taxas específicas de homicídio nos Estados Unidos.

No que diz respeito à diminuição da mortalidade ao longo de décadas, três teorias competem pela primazia (não são mutuamente exclusivas): uma é uma covariata estrutural, a menor presença das mulheres em casa,

---

[93] Ver Campbell et al., 2002.
[94] De acordo com Laura Dugan, professora da Georgia State University. Ver Dugan, Nagin e Rosenfeld, 1999:187-214.

em parte devido ao crescimento de sua participação no mercado de trabalho. Ela tem sido chamada de *redução da exposição*. Ao ficar mais tempo fora de casa (e fora do alcance de seu parceiro), a mulher reduziu sua exposição à violência doméstica (provavelmente aumentando sua exposição à violência externa).

Muitas medidas *preventivas*, justificadamente, se concentram nos jovens, devido ao fato de serem desproporcionalmente responsáveis por crimes, sobretudo os violentos. É muito mais fácil, eficiente e barato impedir, por meio de medidas preventivas, que um jovem venha a se tornar um criminoso do que reverter um processo já iniciado.

Outra orientação específica é punitiva e repressiva: há pessoas e grupos de pessoas que respondem por uma percentagem alta do total de crimes de um determinado tipo. No Brasil, traficantes respondem por uma parcela alta dos homicídios, muito superior ao seu número. Várias polícias adotam políticas seletivas — de intimidação, prisão e até execução dessas pessoas. Assim, há parâmetros políticos que devem ser levados em consideração na análise dos homicídios. Bons governos salvam vidas e maus governos matam gente. A ausência de políticas modernas de combate à violência e ao crime *não* significa que as decisões (e as não-decisões), ou o incrementalismo passivo não tenham impacto sobre o crime, nem que não sejam políticas. *Todas* as ações e omissões dos governos em relação ao crime e à violência devem ser entendidas como *opções políticas* com possíveis conseqüências para o crime e a violência, não importando as razões — desconhecimento, dúvidas quanto à eficácia, medo de inovar ou de contrariar interesses, o que seja. A inação, em qualquer forma, inclusive como continuísmo, é tão política quanto as ações, boas ou más, ou os programas elaborados de combate ao crime e à violência.

A relação entre macrocovariatas e homicídios tem várias molduras e uma delas é política. A relação não tem lugar num vácuo político e institucional. Da mesma maneira, as políticas públicas, inclusive os programas desenhados para combater o crime e a violência, não são implementadas num vácuo estrutural. É mais fácil obter resultados positivos quando a coorte jovem é pequena, a economia está crescendo e o desemprego diminuindo. Puxar algumas macrocovariatas e suas relações com o homicídio para fora da realidade é um recurso analítico válido, mas somente isso: elas acontecem dentro de um contexto, inclusive político, e não fora dele.

A vinculação macro-micro

O estudo dos homicídios a partir de covariatas estruturais é antes de tudo um estudo de *taxas*. Porém, como qualquer estudo de taxas, o das taxas de homicídio pede um estudo complementar: ao se comparar duas taxas, digamos de 10 e 50 por 100 mil habitantes, quer-se saber por que, no primeiro caso, 10 morreram e 99.990 não; e, no segundo, por que 50 morreram e 99.950 não. Há *respostas diferenciais* — uns morrem e outros não. Pode-se, por conveniência, trabalhar com *efeitos composicionais* — os que morrem são mais jovens, homens em sua maioria etc. Porém, ao fazê-lo, quase sempre se abandona o nível das macrocovariatas para entrar no nível das diferenças individuais. São as diferenças *entre as pessoas* que entram em cena e, não, as diferenças entre atributos dos agregados — sejam estados, municípios, áreas metropolitanas, cidades etc.

Há, na criminologia brasileira, um debate interessante entre os defensores *à outrance* do poder explicativo de variáveis estruturais "neomarxistas"[95] em relação ao crime, cujas pesquisas e escritos estão no bojo de uma crítica da sociedade e do Estado, e um conjunto diverso de criminólogos, com formação variada, que não encontraram em suas pesquisas justificativa para salientar explicações como a desigualdade e a pobreza.[96]

Desde uma perspectiva neomarxista, não-dogmática, conceitos como *desenvolvimento econômico e social, pobreza* e *estrutura de classes* têm amplo valor *heurístico*. Esse valor lhes dá uma *possível utilidade* na análise de muitos comportamentos humanos.[97] Por essa razão, dedutiva, muitos teóricos passaram a analisar o crime a partir desses conceitos.

---

[95] Chamo de neomarxistas porque elas se afastam bastante do marxismo bíblico, relegando "o capitalismo" como explicação a uma função simbólica, de "presidente de honra", passando a usar conceitos como pobreza e desigualdade.

[96] Entre os primeiros, identifico Paulo Sérgio Pinheiro e Sérgio Adorno e, entre os segundos, Edmundo Campos, A. L. Paixão, Alba Zaluar e Claudio Beato.

[97] No meu entender, o marxismo deve ser usado como uma *orientação teórica geral,* cuja função é indicar tipos de variável a serem incluídas na análise — sem excluir variáveis de outra índole. O teste final da utilidade de qualquer variável ou conjunto de variáveis é empírico. Por sua vez, uma orientação teórica é profícua quando sugere variáveis empiricamente relacionadas com o fenômeno que se quer explicar. Ver Soares, 1968:365-374.

Os tipos de homicídio

A ênfase nas macrocovariatas, particularmente em suas variantes, desviou a atenção da variável dependente — os homicídios — para as variáveis independentes e dificultou o refinamento do conceito de homicídio. Os homicídios continuaram a ser tratados como iguais, apesar de diferirem entre si, podendo ser classificados em *tipos, cujas covariatas,* inclusive as estruturais, não são as mesmas. Os homicídios "entre íntimos" e os homicídios entre estranhos, que não se conhecem, diferem no que concerne a gênero, idade, relação entre as pessoas, local da ocorrência, probabilidade de suicídio após o homicídio etc.

O infanticídio, que infelizmente é um tipo mais comum do que consta nas estatísticas, difere substancialmente de um homicídio entre traficantes em luta por pontos de venda. Suas tendências não seguem de perto a da população em geral. Na França, por exemplo, tendeu a crescer no século XIX, quando sua taxa dobrou entre 1825-1830 e 1871-1880, enquanto as taxas de homicídios levados à Justiça francesa decresceram no mesmo período. Além disso, os infanticídios eram muito mais comuns: em 1871-1880 a taxa era de 21,4, ao passo que a taxa relativa à população geral não passava de 0,96.[98] Muitos infanticídios tinham a característica de abortos tardios.

Os homicídios podem ser classificados de diversas maneiras: a partir de características das vítimas, a partir de características dos algozes, a partir de relações entre as características das vítimas e dos algozes (por exemplo, homem jovem mata homem jovem), assim como a partir *das relações entre vítimas e algozes* (por exemplo, marido mata mulher, entre amigos, entre desconhecidos), a partir da arma, do local do crime etc., assim como de combinações entre eles.

Um bom exemplo, que ilustra a necessidade de construir uma tipologia dos homicídios, provém de um estudo de *rampage killings* levado a cabo por Fox Butterfield para o *New York Times,* que construiu um *database* sobre mais de 100 homicidas dessa categoria. A definição aceita de *rampage killers* é a de indivíduos que matam múltiplas pessoas em um curto tempo, usualmente horas. Metade era composta por doentes men-

---

[98] Dados de Chesnais, 1976.

tais que tinham recebido algum tipo de tratamento e a outra metade era composta por doentes mentais que não haviam recebido tratamento ou por não doentes mentais. Outra característica é o uso de armas com alto poder de fogo. Há leis federais nos Estados Unidos que proíbem a venda de armas de fogo a pessoas que tenham sido internadas em instituições psiquiátricas. A combinação de sérios problemas psiquiátricos com armas de alto poder de fogo caracteriza os *rampage killers*. Trata-se, portanto, de um tipo de homicídio explicável a partir de variáveis pessoais, de cunho psiquiátrico, e dos instrumentos usados. Outras variáveis que contribuem para a explicação provavelmente passam por essas.

As macrocovariatas não se relacionam da mesma maneira com as diversas "classes" de homicídio. Os resultados de vários estudos realizados dentro e fora do Brasil mostram o caráter fortemente contextual das relações entre as macrocovariatas e as taxas de homicídio. Por exemplo, Maria Fernanda Tourinho Peres (2004) apresenta correlações entre densidade domiciliar e homicídios com e sem armas de fogo, usando os estados como unidades de observação. A correlação é de 0,52 com os homicídios com armas de fogo (P = 0,006) e – 0,04 (ns) com os homicídios com outras armas. É um exemplo típico do bom uso de dados agregados para demonstrar efeitos contextuais. No caso, a teoria que vincula densidade domiciliar e homicídios com armas de fogo precisa desenvolver ou incorporar (se já existente) uma teoria intermediária, baseada no gênero ou em alguma dimensão relacionada com ele.

Usando a percentagem de domicílios com e sem coleta de lixo, as correlações são 0,48 e 0,16, respectivamente. Porém, a relação entre densidade domiciliar e outros homicídios é positiva e significativa entre mulheres e negativa, mas não-significativa, entre os homens. A despeito das restrições que tenho quanto ao uso dos estados como unidades de observação, nota-se, no exemplo acima, que há várias diferenças entre homicídios com armas de fogo e outros homicídios, o que sugere que devem ser trabalhados separadamente.

Os problemas da utilização de macrocovariatas derivam em grande parte não da escolha das variáveis independentes, mas da inadequação conceitual da variável dependente e das teorias construídas *para* a polêmica, nas quais uma explicação tem que ser *substituída* por outra. A solução se torna possível a partir do momento em que se aceita que:

- o *crime* é um conceito *legal* e não apenas sociológico. Os "homicídios legais" não são crimes, mas são homicídios — o que é de interesse para a criminologia;
- os crimes se distinguem em tipos muito diferentes, baseados em autores diferentes, vítimas diferentes, contexto e instrumentos diferentes. A necessidade dessa diferenciação foi estabelecida há mais de meio século por Edwin Hardin Sutherland (1949).[99] É indispensável levar adiante essa diferenciação, porque o que explica os homicídios não explica os *crimes de colarinho-branco*;
- empiricamente, as explicações não se substituem; elas se suplementam. A equação não é neomarxismo *versus* teoria das oportunidades, ou outra teoria, mas a difícil integração entre as teorias que, empiricamente, agregam à explicação.

Dados *individualizados* mostram que a taxa de homicídios é muito maior nas classes com ocupação manual e que decresce à medida que aumenta o grau de instrução. O problema das relações entre a economia e, dentro dela, a pobreza e o crime, é que não há teoria que explique as várias tendências encontradas no tempo e no espaço. Algumas comparações no espaço dão um resultado, outras dão outro; e as comparações no tempo produzem resultados que não só variam entre si como variam muito em relação às comparações no espaço.

A criminologia enfrenta algumas desvantagens na América Latina em relação aos países centrais na ordem mundial. Talvez as principais sejam a escassez de recursos, por um lado, e a escassez e a pobreza dos dados, por outro. Mas a região tem a vantagem de ter parâmetros sistêmicos bem diferentes daqueles nos quais foi feita grande parte da massa das pesquisas originais em criminologia e que geraram a *conventional wisdom* na área. Quem enfoca uma teoria enfatiza as semelhanças que decorrem dela, o que ela explicaria; quem enfoca as diferenças empíricas nas tentativas de aplicá-la, enfatiza os parâmetros sistêmicos, a dependência da teoria em relação ao contexto. Por sua vez, a variância *interna*, entre e dentro dos países da América Latina, não só no espaço, mas também no tempo, proporciona

---

[99] Sutherland trabalhou com outros temas interessantes, como os sem-teto, mas ficou conhecido por seus trabalhos criminológicos. Ver também Sutherland, *c.* 1924, 1937 e 1947.

— impõe talvez — dados irrefutáveis a respeito das teorias macroestruturais simples. Não há aporte macroestrutural à criminologia na América Latina se não levar em consideração os parâmetros sistêmicos, o contexto.

Porém, a criminologia na América Latina pode contribuir para reduzir a miopia típica de quem vê o mundo "com os olhos do Norte". Nossa variada experiência mostra que crime e violência na América Latina não podem ser entendidos como simples reproduções da experiência dos países de alta renda, no presente e muito menos no passado, o que limita as generalizações derivadas das pesquisas e, portanto, a aplicabilidade das teorias que as orientaram.

É um começo.

BIBLIOGRAFIA

ALMGREN, Gunnar; GUEST, Avery; IMMERWAHR, George; SPITTEL, Michael. Joblessness, family disruption, and violent death in Chicago, 1970-90. *Social Forces*, v. 76, n. 4, p. 1465-1493, June 1998.

ANDRADE, M. V.; LISBOA, M. de B. Desesperança de vida: homicídio em Minas Gerais — Rio de Janeiro e São Paulo no período 1981/97. In: HENRIQUES, R. (Org). *Desigualdade e pobreza no Brasil*. Rio de Janeiro: Ipea, 2000. cap.12, p. 347-384. Disponível em: http//ideas.repec.org/h/cdp/diaman/2000331. html.

ARAÚJO, Herton Ellery. A mortalidade entre os jovens adultos brasileiros — por que e quais morrem mais? In: ENCONTRO NACIONAL DE ESTUDOS POPULACIONAIS, 11., Caxambu: Abep, 1998.

BARATA, Rita Barradas; RIBEIRO, Manoel Carlos Sampaio de Almeida; MORAES, José Cássio de. Tendência temporal da mortalidade por homicídios na cidade de São Paulo, Brasil, 1979-1994. *Cadernos de Saúde Pública*, v.15, n. 4, out./dez. 1999.

_____ et al. Intra-urban differentials in death rates from homicide in the city of São Paulo, Brazil, 1988-1994. *Social Science and Medicine*, v. 47, n. 1, p. 19-23, 1998.

BARROS, Maria Dilma de A.; XIMENES, Ricardo; LIMA, Maria Luiza C. de. Child and adolescent mortality due to external causes: trends from 1979 to 1995. *Revista de Saúde Pública*, v. 35, n. 2, p. 142-149, abr. 2001.

BECKER, Gary S. Crime and punishment: an economic approach. *Journal of Political Economy*, v. 76, 1968.

BHATNAGAR, R. R. *Crimes in India:* problems and policy. New Delhi: Ashish, 1990.

BILLANTE, Nicole. The beat goes on: policing for crime prevention. *Issue Analysis*, v. 38, n. 1, July 2003.

BLAU, Judith; BLAU, Peter M. The cost of inequality: metropolitan structure and violent crime. *American Sociological Review*, v. 47, p. 114-129, 1982.

BLUMSTEIN, Alfred. Handgun violence in America. In: CONFERENCE ON CONTROLLING VIOLENCE IN AMERICA. *Proceedings...* 2000.

BOWLING, B. The rise and fall of New York murder: zero tolerance or crack's decline? *British Journal of Criminology*, v. 39, n. 4, p. 531-554, 1999.

BRAITHWAITE, John; BRAITHWAITE, Valerie. The effect of income inequality and social democracy on homicide. *British Journal of Criminology*, v. 20, n. 1, p. 45-53, Jan. 1980.

BRASIL. Ministério da Saúde. *Mortalidade no Brasil — 1995.* Brasília, 1998.

BRITTO, Ângela; SANTANA, Débora; VIEIRA, Marisa; BRANDÃO, Simone. Criminalidade e desenvolvimento no estado do Rio de Janeiro: uma análise da distribuição espacial da mortalidade por homicídios na população masculina jovem segundo as características sociais e econômicas municipais. In: ENCONTRO NACIONAL DE ESTUDOS POPULACIONAIS, 14., 2004, Caxambu. *Anais...* Caxambu: Abep, 2004.

CABRAL RAMÍREZ, Edylberto; CABRAL, Mayra Brea de. *Violencia en la República Dominicana*: tendencias recientes. Disponível em: <PsicologiaCientífica. com>. Acesso em: 2 dez. 2003.

CAMPBELL, D. et al. Intimate partner violence in African American women. *Online Journal of Issues in Nursing*, v. 7, n. 1, manuscript 4, Jan. 31, 2002. Disponível em: <www.nursingworld.org/ojin/topic17/tpc17_4.htm>.

CAMPBELL, J. C.; Webster, D.; Koziol-McLain, J. et al. Risk factors for femicide in abusive relationships: results from a multi-site case control study. *American Journal of Public Health*, v. 93, n. 7, 2003.

____; GLASS, Nancy; SHARPS, Phyllis W.; LAUGHON, Kathryn; BLOOM, Tina. Intimate partner homicide: review and implications of research and policy. *Trauma, Violence & Abuse*, v. 8, n. 3, p. 246-269, 2007.

CANO, Ignácio. *Análise territorial da violência no Rio de Janeiro*. Rio de Janeiro: Iser, 1997.

____; SANTOS, Nilton. *Violência letal, renda e desigualdade no Brasil*. Rio de Janeiro: 7 Letras, 2001.

CARACOCHE, Ana. Apresentação. In: ZANOTELLI, Cláudio Luiz; RAIZER, Eugênia Célia; CASTRO, Mário de. Violência criminalizada: os homicídios cometidos no Espírito Santo noticiados nos jornais 1994-2002. *Cidadã*, v. 1, n. 1, p. 5, 2004.

CARDIA, Nancy; ADORNO, Sérgio; POLETO, Frederico. Homicídio e violação de direitos humanos em São Paulo. *Estudos Avançados*, v. 17, n. 47, 2003.

CARDONA, Marleny et al. Homicidios en Medellín, Colombia, entre 1990 y 2002: actores, móviles y circunstancias. *Cadernos de Saúde Pública*, Rio de Janeiro, v. 21, n. 3, p. 840-851, maio/jun. 2005.

CARNEIRO, Leandro Piquet. *Determinantes do crime na América Latina:* Rio de Janeiro e São Paulo. Washington: Banco Mundial, 1999. (parte III: Vitimização).

CASTRO, Mônica S. Monteiro de; ASSUNÇÃO, Renato M.; DURANTE, Marcelo Ottoni. Data comparison on homicide deaths between two information systems, Brazil. *Revista de Saúde Pública*, v. 37, n. 2, p. 168-176, abr. 2003.

CERQUEIRA, Daniel; LOBÃO, Waldir. Criminalidade: desafios para o próximo governo. *Conjuntura Econômica*, v. 56, n. 7, jul. 2002.

CÉSAR, Isaura de Albuquerque; RODRIGUES, Roberto do Nascimento. A mortalidade por causas externas entre adolescentes do Recife e Salvador, nos anos 80. In: ENCONTRO NACIONAL DE ESTUDOS POPULACIONAIS, 11., Caxambu: Abep, 1998.

CHESNAIS, Jean-Claude. *Les morts violentes en France depuis 1826*. Paris: PUF, 1976.

____. *Histoire de la violence*. Paris: Pluriel, 1981.

CHILVERS, Marilyn; WEATHERBURN, Don. Do targeted arrests reduce crime? *Crime and Justice Bulletin*, Sydney Bureau of Crime Statistics and Research, v. 63, n. 2, 2001.

CLEAR, Todd R.; FAGAN, Jeffrey. The big idea: broken windows breakdown it's the inspiration for policing as we know it. But is the broken windows theory all it's cracked up to be? *City Limits Monthly*, Sept./Oct. 2001.

COELHO, Edmundo Campos. A criminalidade urbana violenta. *Dados*, v. 31, n. 2, p. 145-184, 1978a.

_____. A criminalização da marginalidade e a marginalização da criminalidade. *Revista de Administração Pública*, v. 12, n. 2, abr./jun.1978b.

CONKLIN, George H.; SIMPSON, Miles E. A demographic approach to the cross-national study of homicide. *Comparative Social Research*, v. 8, p. 171-185, 1985.

COURTHÉOUX, Jean-Paul. Observations sur violence et mouvement économique. *L'Anée Sociologique*, v. 29, 1978.

CRUZ, José Miguel; TRIGUEROS ARGÜELLO, Álvaro; GONZÁLEZ, Francisco. *The social and economic factors associated with violent crime in El Salvador*. San Salvador: Iudop/UCA, 1999.

CRUZ, Oswaldo Gonçalves. *Homicídios no estado do Rio de Janeiro:* análise da distribuição espacial e sua evolução. 1996. Dissertação (Mestrado) — Faculdade de Saúde Pública da Universidade de São Paulo, São Paulo, set. 1996.

CUTRIGHT, P.; BRIGGS, C. M. Structural and cultural determinants of adult homicide in developed countries: age and gender-specific rates, 1955-1989. *Sociological Focus*. v. 28, n. 3, p. 221-243, 1995.

DAVIS, Natalie. *Fiction in the archives*. Stanford, CA: Stanford University Press, 1987.

DELASSOPPA, E. et al. Violência, direitos civis e demografia no Brasil na década de 80: o caso da área metropolitana do Rio de Janeiro. *Revista Brasileira de Ciências Criminais*, v. 14, n. 39, p. 155-176, fev. 1999.

DEVINE, Joel; SHELEY, Joseph F.; SMITH, M. Dwayne. Macroeconomic and social control policy influences on crime rate changes, 1948-1985. *American Sociological Review*, v. 53. n. 3, p. 407-420, June 1988.

DREZE, Jean; KHERA, Reetika. Crime, gender, and society in India: insights from homicide data. *Population and Development Review*, v. 26, n. 2, June 2000.

DIXON, Jo; LIZOTTE, Alan J. The burden of proof: Southern subculture of violence explanations of gun ownership and homicide. *American Journal of Sociology*, v. 95, n. 1, p. 182-187,1989.

DUAILIBI, S.; PONICKI, W.; GRUBE, J.; PINSKY, I.; LARANJEIRA, R.; RAW, M. The effect of restricting opening hours on alcohol-related violence. *American Journal of Public Health*, Oct. 2007.

DUARTE, E. C. et al. Life expectancy at birth and mortality in Brazil, 1999: exploratory analysis of regional differences. *Rev. Panam. Salud Pública*, v. 12, n. 6, p. 436-444, dec. 2002.

DUGAN, Laura; NAGIN, Daniel S.; ROSENFELD, Richard. Explaining the decline in intimate partner homicide: the effects of changing domesticity, women's status, and domestic violence resources. *Homicide Studies*, v. 3, n. 3, p. 187-214, 1999.

EHRLICH, Isaac. Participation in illegitimate activities: a theoretical and empirical investigation. *Journal of Political Economy*, v. 81, n. 3, 1973.

FAJNZYLBER, P.; LEDERMAN, D.; LOAYZA, N. Determinants of crime rates in Latin America and the world. *Viewpoints*, The World Bank, Washington, DC, 1998.

FARRINGTON, David P. Criminal career research in the United Kingdom. *British Journal of Criminology*, v. 32, n. 4, p. 521-536, Autumn 1992.

FERRI, E. *Omicidio-suicidio*. Torino, Italia: Fratelli Brocca, 1883-1884.

FIALA, Robert; LaFREE, Gary. Cross-national determinants of child homicide. *American Sociological Review*, v. 53, n. 3, p. 432-445, June 1988.

FLEISHER, B. M. The effect of income on delinquency. *American Economic Review*, v. 56, n. 5, p. 118-137, 1966.

FOX, James A.; LEVIN, Jack. Homicide against the elderly: a research note. *Criminology*, v. 29, n. 2, p. 317-327, 1991.

FREITAS, Eni Devay de et al. Trends and spatial distribution of mortality from external causes in Salvador, Bahia state, Brazil. *Cadernos de Saúde Pública*, v. 16, n. 4, p. 1059-1070, out./dez. 2000.

GASTIL, Raymond. Homicide and a regional subculture of violence. *American Sociological Review*, v. 36, p. 412-427, June 1971.

GAWRYSZEWSKI, Vilma Pinheiro; COSTA, Luciana Scarlazzari. Social inequality and homicide rates in São Paulo City, Brazil. *Revista de Saúde Pública*, v. 39, n. 2, p. 191-197, abr. 2005.

GIFFEN, P. J. The criminal courts and the control of addictions. In: FRIEDLAND, M. (Ed.). *Courts and trials, a multidisciplinary approach.* Toronto: University of Toronto Press, 1976.

GORDON, Robert M.; NELSON, Jacquelyn. Crime. In: SILVERMAN, R. A.; TEEVAN, J. J.; SACCO, V. F. (Eds.). *Crime in Canadian society.* 5. ed. Toronto: Harcourt Brace Canada, 1996. p. 234-244.

GURR, Ted Robert. Historical trends in violent crime: a critical review of the evidence. *Crime and Justice*, v. 3, p. 295-353, 1981.

_____. Historical trends in violent crime: Europe and the United States. In: GURR, T. R. (Ed.). *Violence in America.* Newbury Park, CA: Sage, 1989. p. 21-54. (v. 1: The history of crime).

HACKNEY, Sheldon. Southern violence. In: GRAHAM, Hugh Davis; GURR, Ted Robert (Eds.). *The history of violence in America.* New York: Bantam, 1969. p. 505-529.

HAIR, P. E. H. Deaths from violence in Britain: a tentative secular survey. *Population Studies*, v. 25, n. 1, p. 5-24, Mar. 1971.

HARCOURT, Bernard E.; LUDWIG, Jens. *Broken windows:* new evidence from New York city and a five city social experiment. Chicago: s.ed., June 2005. (Public Law and Legal Theory Working Paper, 93).

HE, N.; CAO, L.; WELLS, W.; MAGUIRE, E. Forces of production and direction: a test of an expanded model of suicide and homicide. *Homicide Studies*, v. 7, n. 1, p. 36-57, 2003.

HENRY, Andrew. F.; SHORT JR., James F. *Suicide and homicide:* some economic, sociological, and psychological aspects of aggression. London: Free Press of Glencoe, 1954.

HIRSCHI, Travis; GOTTFREDSON, Michael. Age and the explanation of crime. *American Journal of Sociology*, v. 89, p. 552-584, 1983.

HOLLINGSWORTH, T. H. A study of the British ducal families. In: GLASS, David Victor; EVERSLEY, David Edward Charles (Eds.). *Population in history.* Chicago: Aldine, 1965.

IMAI, Susumu; KRISHNA, Kala. Employment, deterrence and crime in a dynamic model. *International Economic Review*, v. 45, n. 3, p. 845-872, 2004.

INSTITUTO APOYO. *Criminal violence:* studies in Latin American cities — the cases of Peru. Lima: Instituto Apoyo, Aug. 1999.

JORGE, Maria Helena P. de Mello. *Mortalidade por causas violentas no município de São Paulo.* 1979. Tese (Doutorado) — Faculdade de Saúde Pública/Universidade de São Paulo, São Paulo, 1979.

_____. Present situation of official statistics related to death from external causes. *Revista de Saúde Pública*, v. 24, n. 3, p. 217-223, jun. 1990.

KAPUSCINSKI, Cezary A.; BRAITHWAITE, John; CHAPMAN, Bruce. Unemployment and crime: toward resolving the paradox. *Journal of Quantitative Criminology*, v. 14, n. 3, p. 215-243, Sept. 1998.

KARMEN, Andrew. Zero tolerance in New York city: hard questions for a get-tough policy. In: BURKE, Roger Hopkins (Ed.). *Hard cop, soft cop:* dilemmas and debates in contemporary policing. 2004. p. 23-39.

KELLEY, Jonathan; GRAAF, Nan Dirk de. National context, parental socialization, and religious belief: results from 15 nations. *American Sociological Review*, v. 62, p. 639-659, Aug. 1997.

KELLING, George L. *Crime control, the police and culture wars:* broken windows and cultural pluralism. Washington, DC: US Dept. of Justice, National Institute of Justice, 1997.

_____; SOUSA JR., William H. Do police matter? An analysis of the impact of New York city's police reforms. Dec. 2001. (Civic Report, 22).

KICK, E. L.; LAFREE, G. Development and the social context of murder and theft. *Comparative Social Research*, v. 8, p. 37-58, 1985.

KOVANDZIC, T. V.; VIERAITIS, L. M.; YEISLEY, M. R. The structural covariates of urban homicide: reassessing the impact of income inequality and poverty in the post-Reagan era. *Criminology*, v. 36, n. 3, p. 569-599, Aug. 1998.

KPOSOWA, Augustine J.; BREAULT, Kevin D. Reassessing the structural covariates of U. S. homicide rates: a county level study. *Sociological Focus*, v. 26, n. 1, p. 27-46, Feb. 1993.

KRAHN H.; HARTNAGEL, T. F.; GARTRELL, J. W. Income inequality and homicide rates: cross-national data and criminological theories. *Criminology,* v. 24, n. 2, p. 269-295, 1986.

KROHN, M. Inequality, unemployment and crime: a cross-national analysis. *Sociological Quarterly,* v. 17, p. 303-313, Summer 1976.

_____. A Durkheimian analysis of international crime rates. *Social Forces,* v. 57, p. 654-670, Dec. 1978.

_____; WELLFORD, C. F. A static and dynamic analysis of crime and the primary dimensions of nations. *International Journal of Criminology and Penology,* v. 5, p. 1-16, 1977.

LAND, Kenneth C.; McCALL; Patricia L.; COHEN, Lawrence E. Structural covariates of homicide rates: are there any invariances across time and social space? *American Journal of Sociology,* v. 95, n. 4, p. 922-963, Jan. 1990.

LANE, R. Crime and criminal statistics in 19th century Massachusetts. *Journal of Social History,* p. 156-163, Winter 1968.

_____. *Violent death in the city.* Cambridge, MA: Harvard University Press, 1979.

_____. Urban homicide in the 19th century. In: INCIARDI, J. A.; FAUPEL, C. E. (Eds.). *History and crime.* Beverly Hills, CA: Sage, 1980. p. 91-110.

_____. *Roots of crime in black Philadelphia, 1860-1900.* Cambridge, MA: Harvard University Press, 1986.

_____. On the social meaning of homicide trends in America. In: GURR, T. R. (Ed.). *Violence in America.* Newbury Park, CA: Sage, 1989. p. 55-79. (v. 1: The history of crime).

LEE, Matthew R.; BANKSTON, William B. Political structure, economic inequality, and homicide: a cross-national analysis. *Deviant Behavior,* v. 20, n. 1, p. 27-55, Jan./Mar. 1999.

LEENAARS, Antoon; LESTER, David. Testing the cohort size hypothesis of suicide and homicide rates in Canada and the United States. *Archives of Suicide Research,* v. 2, p. 43-54, 1996.

LESTER, David; SHEPHARD, Richard. Variation of suicide and homicide rates by longitude and latitude. *Perceptual & Motor Skills,* v. 87, n. 1, Aug. 1998.

LIMA, Maria Luiza C. de et al. Evolução de homicídios por área geográfica em Pernambuco entre 1980 e 1998. *Revista de Saúde Pública*, v. 36, n. 4, p. 462-469, ago. 2002.

_____ et al. Spatial analysis of socioeconomic determinants of homicide in Brazil. *Revista de Saúde Pública*, v. 39, n. 2, p. 176-182, abr. 2005.

_____; XIMENES, Ricardo. Violence and death: differentials in mortality from external causes in Recife, Pernambuco, Brazil, 1991. *Cadernos de Saúde Pública*, v. 14, n. 4, p. 829-840, out./dez. 1998.

LIMA, Renato Sérgio de. *Conflitos sociais e criminalidade urbana:* uma análise dos homicídios cometidos no município de São Paulo. Dissertação (Mestrado em Sociologia) — Universidade de São Paulo, São Paulo, s.d.

LOFTIN, Colin; HILL, Robert. Regional subculture and homicide: an examination of the Gastil-Hackney thesis. *American Sociological Review*, v. 39, p. 714-724, Oct. 1974.

LÓPEZ, María Victoria et al. Muertes por homicidio, consecuencia fatal de la violencia. El caso de México, 1979-1992. *Revista de Saúde Pública*, v. 30, n. 1, fev. 1996.

LUDWIG, Jens; COOK, Philip J. Homicide and suicide rates associated with implementation of the Brady Handgun Violence Prevention Act. *The Journal of the American Medical Association*, v. 284, n. 5, p. 585-591, Aug. 2000.

MacDONALD, Heather. Diallo truth, diallo falsehood. *City Journal*, Summer 1999.

MACEDO, Adriana C. et al. Violence and social inequalities: mortality rates due to homicides and life conditions in Salvador, Brazil. *Revista de Saúde Pública*, v. 35, n. 6, p. 515-522, dez. 2001.

MÄKINEN, Ilka. Are there social correlates to suicide? *Social Science and Medicine*, v. 44, n. 12, p. 19-29, 1997.

_____. Eastern European transition and suicide mortality? *Social Science and Medicine*, v. 51, p. 1405-1420, 2000.

MESSNER, S. F. Economic discrimination and societal homicide rates: further evidence on the cost of inequality. *American Sociological Review*, v. 54, n. 4, p. 597-611, 1989.

MOIR, Peter. *Community policing* — questioning some basic assumptions. New South Wales: Goulburn Police Academy, s.d.

MONKKONEN, E. H. *Police in urban America, 1860-1920.* New York: Cambridge University Press, 1981.

MORAES, José Ribamar et al. Trends in mortality due to external causes in São Luis, MA, Brazil, from 1980 to 1999. *Revista Brasileira de Epidemiologia,* v. 6, n. 3, p. 245-254, set. 2003.

MUCHEMBLED, Robert. *La violence au village:* sociabilité et comportements populaires en Artois du Vème au XVIIème siècle. Turnhout: Brépols, 1989.

NEAPOLITAN, Jerome L. Homicides in developing nations: results of research using a large and representational sample. *International Journal of Offender Therapy and Comparative Criminology,* v. 41, n. 4, p. 358-374, Dec. 1997.

NJAINE, Kathie et al. Production of (mis)information on violence: analysis of a discriminatory practice. *Cadernos de Saúde Pública,* v. 13, n. 3, p. 405-414, jul./set. 1997.

NUNES, J.; RIVERA, J.; VILLAVIVENCIO, X. Determinantes socioeconómicos y demográficos del crimen en Chile. Evidencia desde un panel de datos de las regiones chilenas. *Estudios de Economía,* v. 30, n. 1, p. 55-85, Jun. 2003.

O'BRIEN, Robert; STOCKARD, Jean; ISAACSON, Lynne. The enduring effects of cohort characteristics on age-specific homicide rates, 1960-1995. *American Journal of Sociology,* v. 104, n. 4, p. 1061-1095, Jan. 1999.

O'HARE, William P. A new look at poverty in America. *Population Bulletin,* v. 51, n. 2, 1996.

OPAS. *Obstruyendo el desarrollo:* los efectos de las armas pequeñas en el desarrollo humano. 2003.

ORTEGA, S.; CORZINE, J.; BURNETT, C.; POYER, T. Modernization, age structure and regional context: a cross-national study of crime. *Sociological Spectrum,* v. 12, p. 257-277, 1992.

PAIXÃO, A. L. A violência urbana e a sociologia? Sobre crenças e fatos e mitos e teorias e políticas e linguagem... *Religião e Sociedade,* v. 15, n. 1, 1990.

PAMPEL, Fred C.; GARTNER, Rosemary. Age structure, socio-political institutions, and national homicide rates. *European Sociological Review*, v. 11, n. 3, p. 243-260, Dec. 1995.

PERES, Maria Fernanda Tourinho. *Violência por armas de fogo no Brasil* — relatório nacional. São Paulo: USP, NEV, 2004.

PETRAS, James; DAVENPORT, Christian. Crime and the transformation of capitalism. *Crime, Law and Social Change (Historical Archive)*, v. 16, n. 2, p. 155-175, Sept. 1991.

POCHMANN, Marcio. *Violência e emigração internacional na juventude*. [s.d.]. ms.

POMPEU, João Cláudio B. *Levantamento de registros de homicídios no Brasil (1979-98)*. Brasília: Ministério da Justiça, 2000. (Relatório da Secretaria Nacional de Segurança Pública).

PORTERFIELD, A. L. Indices of suicide and homicide by states and cities: some Southern — non-Southern contrasts with implications for research. *American Sociological Review*, v. 17, p. 341-349, 1949.

PRETI, Antonio; MIOTTO, Paola. Some social correlates of homicide rates in Italy. *Psychological Reports*, v. 85, n. 3, Dec. 1999.

RAHMAN, Fazlur; ANDERSSON, Ragnar; SVANSTRÖM, Leif. Health impact of injuries: a population-based epidemiological investigation in a local community of Bangladesh. *Journal of Safety Research*, v. 29, n. 4, p. 213-222, 1998.

ROSS, Marvin. *An estimate of the present and future costs and involvement of immigrants in crime in Canada*. Ottawa: Statistics Division, Solicitor General of Canada, 1974.

RUBIO, Mauricio. Crimen y crecimiento en Colombia. In: HACIA UN ENFOQUE INTEGRADO DEL DESARROLLO: ÉTICA, VIOLENCIA Y SEGURIDAD CIUDADANA — ENCUENTRO DE REFLEXIÓN. *Anales...* Washington, DC: International American Development Bank, 1996.

RYDER, Norman B. The cohort as a concept in the study of social change. *American Sociological Review*, v. 30, n. 6, p. 843-861, Dec. 1965.

SAINSBURY, P. The epidemiology of suicide. In: ROY, A. (Ed.). *Suicide*. Baltimore, MD: Williams and Wilkins, 1986. p. 17-40.

_____; JENKINS, J.; LEVEY, A. The social correlates of suicide in Europe. In: FARMER, R.; HIRSCH, S. (Eds.). *The suicide syndrome*. London: Croom Helm, 1980. p. 38-53.

SANT'ANNA, Ana; AERTS, Denise; LOPES, Marta Júlia. Adolescent homicide victims in Southern Brazil: situations of vulnerability as reported by families. *Cadernos de Saúde Pública*, v. 21, n. 1, p. 120-129, jan./fev. 2005.

SANTOS, Simone M. et al. Detecção de aglomerados espaciais de óbitos por causas violentas em Porto Alegre, Rio Grande do Sul, Brasil, 1996. *Cadernos de Saúde Pública*, Rio de Janeiro, v. 17, n. 5, p. 1141-1151, set./out. 2001.

SARMIENTO, Alfredo; BECERRA, Lida. Análisis de las relaciones entre violencia y equidad. *Archivos de Macroeconomía*, Bogotá: DNP-Umacro, n. 93, ago. 1998.

SCHABBACH, Letícia Maria; GRIZA, Aida. *A mortalidade por homicídio e suas vítimas no Rio Grande do Sul* — 1995 a 1999 . Porto Alegre, 2002.

SHAW, C. R.; McKAY, H. D. *Juvenile delinquency and urban areas*. Chicago: University of Chicago Press, 1942.

SHELDEN, Randall G. Assessing "broken windows": a brief critique. S.l.: California Center on Juvenile and Criminal Justice, s.d.

SHICHOR, David. Effects of development on official crime rates 1967-1978: homicide and larceny patterns differ greatly. *Sociology and Social Research*, v. 70, n. 1, p. 96-97, Oct. 1985.

SKOGAN, Wesley. *Disorder and decline:* crime and the spiral of decay in American neighborhoods. Berkeley: University of California Press, 1990.

SMITH, G.; BARSS, P. Unintentional injuries in developing countries: the epidemiology of a neglected problem. *Epidemiologic Review*, v. 13, p. 228-266, 1991.

SOARES, Gláucio Ary Dillon. Congruências e incongruências entre indicadores de desenvolvimento econômico. *América Latina*, v. 8, p. 47-60, jan./mar. 1965a.

_____. *Economic development and political radicalism*. 1965. Thesis (PhD) — Washington University, 1965b.

_____. Marxism as a general sociological orientation. *British Journal of Sociology*, v. 19, p. 365-374, Dec. 1968.

_____. A nova industrialização e o emprego industrial na América Latina: comentários preliminares. In: MENDES, Candido (Org.). *Crise e mudança social.* Rio de Janeiro: Eldorado, 1974. p. 223-244.

_____. Os determinantes do homicídio no Distrito Federal. *Temas Codeplan,* Brasília, v. 2, p. 99-121, 1998a.

_____. *O povo e a PM.* Brasília: UnB, 1998b.

_____. Homicídios no Brasil: vários factóides em busca de uma teoria. In: CONGRESS OF LATIN AMERICAN STUDIES ASSOCIATION. *Proceedings...* Miami, 2000.

_____. São Paulo: mil homicídios a menos!!!!!! Disponível em: <http://conjunturacriminal.blogspot.com/2007/01/so-paulo-mil-homicidios-menos.html>. Acesso em: 2007.

SOARES, Luiz Eduardo (Coord.). Uma radiografia da violência no Rio de Janeiro. In: BINGEMER, M. C.; BARTHOLO, R. S. (Eds.). *Violência, crime e castigo.* São Paulo: Loyola, 1996.

STACK, Steven. Comment on Krohn's "Inequality, unemployment and crime: a cross-national analysis". *Sociological Quarterly,* v. 19, n. 2, p. 340-342, 1978.

_____. Suicide: a 15 year review of the sociological literature, part II: social integration and modernization perspectives. *Suicide and Life Threatening Behavior,* v. 30, p. 163-179, 2000.

_____ et al. Comment on Krohn's "Inequality, unemployment and crime: a cross-national analysis". *The Sociological Quarterly,* v. 19, n. 2, p. 340-342, Spring 1978.

STARK, Rodney et al. Crime and delinquency in the roaring twenties. *Journal of Research in Crime and Delinquency,* v. 20, n. 1, p. 4-23, 1983.

STENNING, P. C. Community policing: who's in control? In: MORGAN, J. (Ed.). *Community policing.* Canberra: Australian Institute of Criminology, 1984. (Seminar Proceedings, 4).

SUTHERLAND, Edwin Hardin. *Criminology.* Philadelphia: J. B. Lippincott, c.1924.

_____. *The professional thief,* by a professional thief; annotated and interpreted by Edwin H. Sutherland. Chicago, Ill.: The University of Chicago Press, 1937.

_____. *Principles of criminology*. Philadelphia: J. B. Lippincott, 1947.

_____. *White collar crime*. New York: Dryden Press, 1949.

SZWARCWALD, Célia Landmann et al. Income inequality and health: the case of Rio de Janeiro. *Cadernos de Saúde Pública*, v. 15, n. 1, p. 15-28, jan./mar. 1999.

_____ et al. Health conditions and residential concentration of poverty: a study in Rio de Janeiro, Brazil. *Journal of Epidemiology and Community Health*, v. 54, n. 7, p. 530-536, 2000.

TAYLOR, Ralph B. The incivilities or "broken windows" thesis. In: SULLIVAN, L. E. (Ed.). *Handbook of law enforcement*. Thousand Oaks: Sage, s.d.

THOMAS, Derrick. The foreign born in the federal prison population. *Strategic Planning and Research*, Ottawa: Employment and Immigration Canada, June 1993.

TSUSHIMA, Masahiro. Economic structure and crime: the case of Japan. *Journal of Socio-Economics*, v. 25, n. 4, p. 497-515, 1996.

UNNITHAN, N. P.; WHITT, H. P. Inequality, economic development and lethal violence: a cross-national analysis of suicide and homicide. *International Journal of Comparative Sociology*, v. 33, p. 182-195, 1992.

_____; HUFF-CORZINE, L.; CORZINE, J.; WHITT, H. P. *The currents of lethal violence:* an integrated model of suicide and homicide. Albany: State University of New Cork Press, 1994.

VALLEE, Frank G.; SCHWARTZ, Mildred. *Report on criminality among the foreign-born in Canada*. Ottawa: Department of Citizenship and Immigration, 1957.

_____; _____. Report on criminality among the foreign-born in Canada. In: BLISHEN, B. R. et. al. (Eds.). *Canadian society:* sociological perspectives. Toronto: Macmillan Co. of Canada, 1961. p. 560-567.

VEGA-LÓPEZ, María Guadalupe et al. Variaciones regionales de la mortalidad por homicidios en Jalisco, México. *Cadernos de Saúde Pública*, v. 19, n. 2, mar./abr. 2003.

WAISELFISZ, JULIO JACOBO. *Mapa da violência dos municípios brasileiros*. Brasília: Ritla, 2008. Disponível em: <www.ritla.index.php?option=com_content&task=view&id=2314&Itemid=147>. Acesso em: abr. 2008.

WELLFORD, C. Crime and the dimensions of nations. *International Journal of Criminology & Penology*, v. 2, p. 1-10, 1974.

WHITT, H. P. Comments on Steven Stack's paper "Suicide": a decade review of the sociological literature. *Deviant Behavior*, v. 6, p. 229-231, 1985.

_____; GORDON, C. C.; HOFLEY, J. R. Religion, economic development and lethal aggression. *American Sociological Review*, v. 37, p. 193-201, 1972.

WILLIAMS, F. P. The demise of the criminological imagination: a critique of recent criminology. *Justice Quarterly*, v. 1, n. 1, p. 91-106, 1984.

WILSON, James Q.; KELLING, George E. Broken windows: the police and neighborhood safety. *Atlantic Monthly*, Mar. 1982.

WILSON, Margo; DALY, Martin. Life expectancy, economic inequality, homicide, and reproductive timing in Chicago neighbourhoods. *British Medical Journal*, n. 314, Apr. 26, 1997.

WOLF, Preben. Crime and development; an international comparison of 1971 crime rates. *Scandinavian Studies in Criminology*, v. 3, p. 107-120, 1971.

WOLFGANG, Marvin; FERRACUTI, Franco. *The subculture of violence:* towards an integrated theory of violence. London: Tavistock, 1967.

WONNACOTT, Thomas H.; WONNACOTT, Ronald J. *Econometrics.* [1970]. 2. ed. New York: John Wiley, 1979.

ZAFFARONI, Eugenio Raúl. El aumento de las penas en Costa Rica. Relatório apresentado à Comisión de Asuntos Jurídicos de la Asamblea Legislativa de Costa Rica, nov. 1991.

ZAHN, M. A. Homicide in the 20th century United States. In: INCIARDI, J. A.; FAUPEL, C. E. (Eds.). *History and crime.* Beverly Hills, CA: Sage, 1980. p. 111-132.

_____. Homicide in the twentieth century: trends, types and causes. In: GURR, T. R. (Ed.). *Violence in America.* Newbury Park, CA: Sage, 1989. p. 216-234. (v. 1: The history of crime).

ZALUAR, A. Violência e criminalidade: saída para os excluídos ou desafio para a democracia?. In: MICELLI, Sérgio (Org.). *O que ler para conhecer o Brasil.* São Paulo: Anpocs, 1999. v. 1.

_____; NORONHA José C. de; ALBUQUERQUE, Ceres. Violência: pobreza ou fraqueza institucional? *Cadernos de Saúde Pública*, Rio de Janeiro, v. 10, n. 1, 1994.

Esta obra foi Impressa pelo
Armazém das Letras Gráfica e Editora Ltda.
Rua Prefeito Olímpio de Melo, 1599 – CEP 20930-001
Rio de Janeiro – RJ – Tel. / Fax .: (21) 3860-1903
e.mail:aletras@veloxmail.com.br